社会科教師の
授業・学級づくり
「仕掛け学」

文科省教科調査官
小倉勝登

東洋館出版社

はじめに

授業時間は45分、しかし、授業の成否はその前に決している!

最近、授業を見ていて感じることがあります。

それは、授業は決して45分だけで語れるものではないこと、そして、ある授業がいい授業となるには、必ずその根拠となる背景があるということです。授業のなかに現れる教師のこれまでの授業づくりの背景が見えたとき、「すばらしい、いい授業だな」と感じます。

では、その背景とは何でしょうか?　私は次の三つを挙げたいと思います。

一つは、学級経営（子どもとのかかわり）です。

〝いい学級経営があってはじめて、いい授業が成立する〟すなわち、子どもとのかかわりがいいから、授業もよくなるという考え方です。

「そんなの、当たり前でしょ?」と言われれば、確かにそうです。教師と子どもたちのかかわりがいいから、子どもたちは安心して自分の力を発揮できる。認め合える学級風土があるから、安心して力を発揮できる。そのとおりです。

しかし、言うは易く行うは難し。そのような学級をつくるのは容易ではありません。ひとえに教師の毎日の取組やかかわりの積み重ねのなせる技だからです。つまり、授業づくりの背景の一つは教師の「子ども理解」だといえるでしょう。

二つは、教材研究です。

〝熱心に取り組んだ教材研究が、先生のいい授業を支える〟ということです。学級の子どもたちを思い浮かべながら、子どもたちが興味・関心をもって、楽しく学べるように、思いをもって教材を開発する。その教材の子どもたちに与えるインパクトは、大人の想像を凌駕するものがあります。

以前、参観させていただいた、ある授業での一コマです。

授業者は、ある写真を提示して問いました。

「ここは、どこかわかりますか?」

すると、子どもたちは次々と発言しはじめます。

はじめのうちは、

「先生、自分で行ってきたの?」

「先生が撮ってきたの?」

「すごい、先生すごい！」

「え、どこ、どこ。ヒント、ヒント。先生、ヒントちょうだい」

まさに子どもたちのスイッチ・オンです。

実はこの写真、授業者が現地へ行って自分で撮影したものです。「よく見てごらん。写真のなかにヒントが隠されているよ」

子どもたちは、写真から気づいたことをどんどん発表し、気づいたことを組み合わせながら、それがどんな場所かを特定していきました。

三つは、学習内容をつかむことです。そのうえで、単元を通して子どもの問題解決を描きます。

〝子どもの問題解決的な学習を、見通しをもって描けていることが、いい授業を成立させる〟ということです。

私は、この三つの背景を踏まえ、これまで数多くの授業を観察してきました。そんな私が行き着いた授業の本質は、次のとおりです。

授業は、仕掛けにあふれている。

いい授業の成立要因には、その背後に教師によって緻密に仕組まれた数々の「仕掛け」があります。「やはり、そうだよなぁ」と自分の経験上からも確信しています。

授業は、教師の意図的・計画的な営みです。45分の授業を参観しただけでも、その授業に至るまでの、または、その授業中の、教師の緻密な「仕掛け」の数々が透けて見えてくるのです。

たとえば、教師が子供の発言に対して、

「どうしてそう考えたの？」

と問い返せば、子どもは自分の考えの根拠を語り出します。つまり、考えの背景が現れてくるわけです。

これは、教師の意図的な問い返しにより、子どもは自分の考えの根拠を語るようになる、根拠を語らせることで知識を活用する（目の前の学習と既習が結びつく）ようになるのです。このような「仕掛け」はほかにもあります。授業で使う資料、活動や問いなどもまた、直接的な「仕掛け」だといえるでしょう。

次に示す例は、私が教育実習で行った授業です。

「よみがえれハリヨ」という小学校4年生の説明文の学習です。具体的には、四段落の要点をまとめる国語の授業だったのですが、どうにもやる気が起きません。（少々とんがっていたかもしれませんが）〝そんな要点をまとめるだけの授業、どこがおもしろいの？〟と私は本気で思っていました。

教育実習生とはいえ、子どもにとって私も教師の一人です。そんな私がおもしろいと思えない授業を、子どもがおもしろがってくれるはずがない。そう思った私は、どうやったらおもしろく授業ができるかと考えてみました。そこで、あることを思いつき、（指導教官の許可を得て）実際に試してみることにしたのです。

授業がはじまると、蓋をしたバケツを手に、「学校近くの川（隅田川）で、ハリヨをとってきたよ」と私は子どもたちに言って、ハリヨの棲家の特徴をまとめた4枚の画用紙を提示しました。「こんなところにいたんだぞ」と自慢げに指さしながら。

すると、子どもたちは一斉に「ウソだ、そんなのウソっぱちだ」と言い出します。なかなかの剣幕でした。隅田川にハリヨがいるはずがないと思っているのです。

それに対して、私はこう切り返します。

「どうしてウソなの？　そう思うのだったら、ただウソだと言うのではなく、教科書な

資料1　説明文の要点整理を問題解決にする

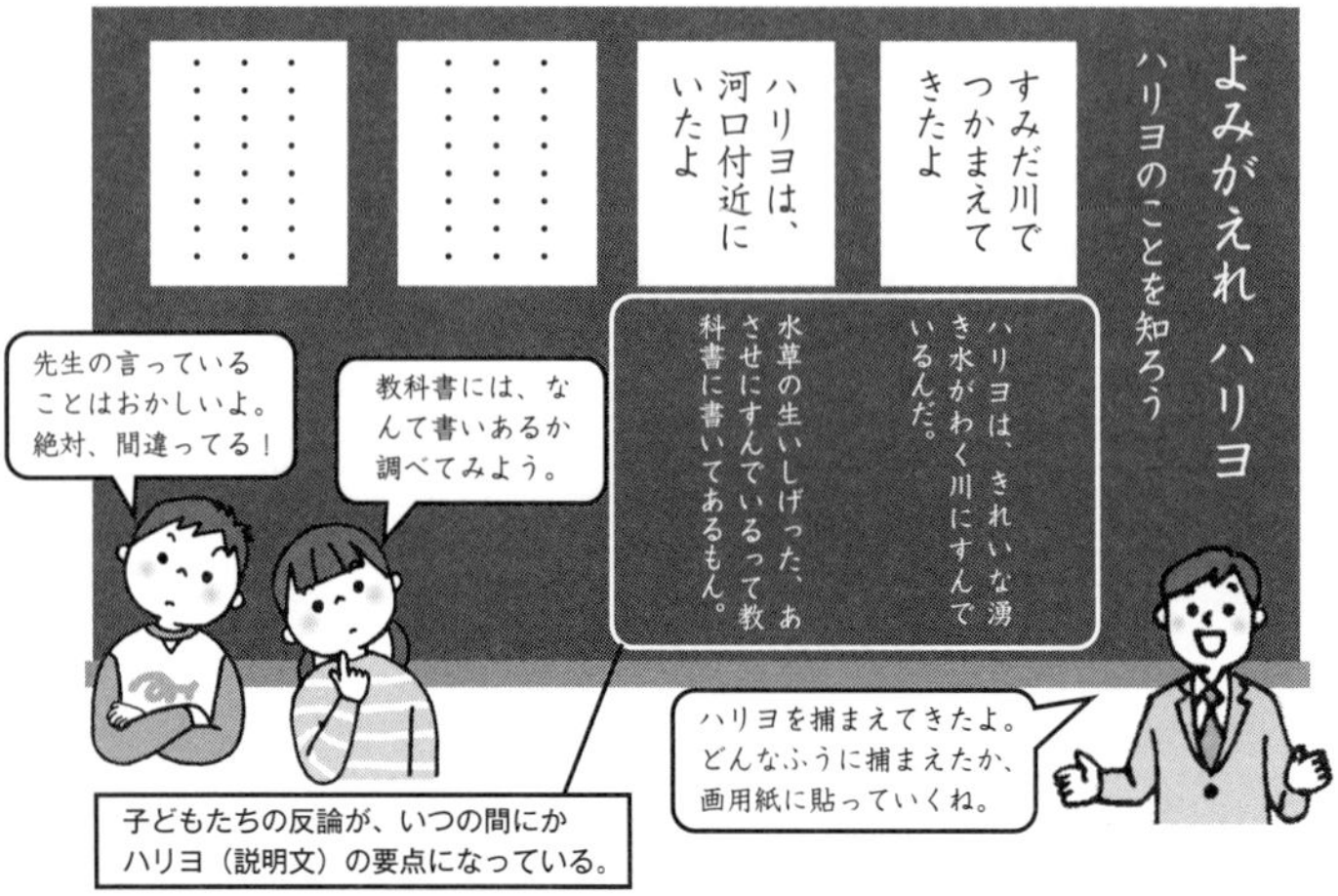

どを参考にしながら、きちんと証拠を示してくださいね」

その途端、子どもたちは教科書をバーッと開き、ハリヨについて調べはじめました。彼らは私のウソを暴こうと真剣そのものです。

「先生、教科書に『ハリヨはきれいな川にしかいない』と書いてあります」

「ハリヨは、隅田川になんか棲んでいません。こういうところに住んでいます」

〝なるほど、なるほど〟と私は言いながら、子どもたちの発言を板書していきます。すると、どうしたことでしょう。四段落の要点ができあがっているではありませんか（**資料1**）。

もちろん、子どもたちのほうは説明文の要点をまとめようなんて思っていません。私のウソを暴こうとしていただけです。それなのに、ウソであることの証拠を挙げていって四つ並べたら、その授業のねらいが達成してしまったというわけです。

私が思いついたというのが、この**「ただ要点をまとめるだけの学習を、私のウソを暴いて真実を明らかにする学習にする」という仕掛けだった**のです。これは、要点をまとめる学習を問題解決にするという「仕掛け」だといえます。

授業づくりにおいては、直接的なものや間接的なものなど、たくさんの「仕掛け」に支えられていることがおわかりいただけるかと思います。言うなれば、**授業づくりとは、どのような「仕掛け」をどのような「タイミング」で、どのように仕組んでいくのかを考えることだ**と言い換えることができると思います。

授業場面で、単元のなかで、学級経営も含めたすべての教育活動を通して、さまざまな「仕掛け」を仕組む、それが背景となってはじめて45分の授業に生きてくる、私はそう思っています。

では、教育活動のどの場面で、どのような「仕掛け」を仕組んでいけばよいのでしょう。それを知るためにも、もう一つ話をしておきます。

資料2　銀座のミツバチ

「それは、どこに書いてあるの？」

この言葉は、私が社会科の研究授業を行ったときに、ある講師の先生からいただいた指摘です。要するに、私の失敗談なのですが、東京学芸大学附属小金井小学校に勤務していたころのことです。

私は、社会科授業のキラーコンテンツともいうべき教材をいくつかもっていますが、そのうちの一つがこれ、**資料2**の都市型養蜂「銀座のミツバチ」です。

「銀座？」

「え、ミツバチ？」

子どもたちは、興味津々です。なんで都会のど真ん中の銀座で養蜂なんだよ、と。この二つのミスマッチな組み合わせにすっかり驚きと疑問を膨らませて、熱心に追究してくれました。わざわざ銀座に出かけていって調べる子、インターネットを使って調べてくる子、蜂蜜まで買ってくる子など、子どもたちの熱心さは相当なものでした。

さて、本番の研究授業です。

大いに盛り上がり、私自身も楽しく授業ができて大満足だったのですが、協議会で講師が次の言葉を発した途端、一瞬で凍りつきます。

「この教材、この内容は、学習指導要領のどこに書いてあるの？」

自分なりに考え解釈したこととはいえ、大きな問題です。附属とはいえ、公立の小学校です。学習指導要領に定められている内容を限られた時間で行うのが原理・原則。教材に傾斜をかけ、楽しく学んでいるからいいとは言えない。

この単元は、「東京都の特色のある地域の様子」の1事例として銀座を扱い、その中で伝統ある街「銀座」の特色を生かしながら新しい取組でまちづくりを進める人々の活動「都市型養蜂」を扱いました。

しかし、講師に指摘されたことで、教材ばかりに意識を向けるのではなく、学習指導要領の趣旨や内容に基づいて教材分析や単元構成を考えることの大切さを再認識したのです。

資料3　授業づくりの背景

つねに
①子ども理解
②教材の開発・吟味
③学習内容の理解
この３つの関係で
授業を考える
＝授業づくり

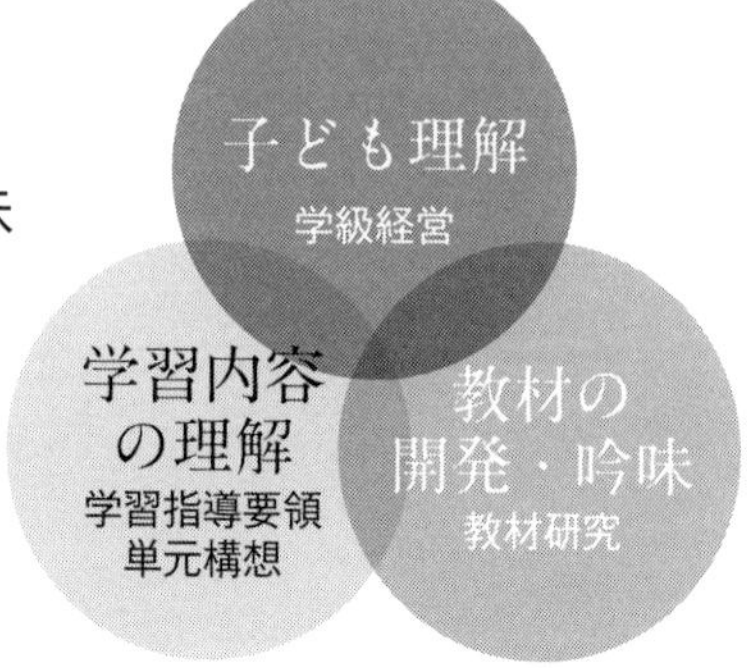

やはり授業づくりは、三つのバランスがとても重要であるということです（資料3）。常に、この三つのバランスのなかで、楽しい授業を考えていく必要があるのです。

*

本書は、『社会科教師の授業・学級づくり「仕掛け学」』と命名することとしました。「子ども理解」「教材の開発・吟味」「学習内容の理解」の三つのバランスのなかに仕組まれている授業づくりの「仕掛け」（または、その仕組み）を紹介することが目的です。

少しでも現場の先生方の元気と勇気とやる気につながれば幸いです。

目次

第3章　学習内容をつかむ4つの仕掛け

第4章　想定外を楽しむ

第１章

［子ども理解・学級経営］

子どもとかかわる
８つの仕掛け

本章では、「子どもとかかわる（子ども理解・学級経営）」における「仕掛け」にフォーカスします。ここで紹介する「仕掛け」は、いずれも直接的なタイプではなく、後々の授業づくりに効いてくる、いわば布石ともいうべきものです。

【仕掛け①】自分の考えていることを伝える——学級開きにしておくこと

学級づくりを通して思い切り子どもとかかわる、そのかかわりを通して相互理解を図る、子ども同士の理解を図る、個が生きる集団をつくっていく。これがいい授業づくりの前提条件となります。

この条件を満たすためには、まず、教師である自分が「どのような人間で、どんなことを考えているのか」を子どもたちに理解してもらうことが必要です。同時に、「何がよくて、何がいけないのか」を伝えておく必要もあります。

そこでまず、

「こんな学級にしたいな」

「〇〇を大事にして、学級をつくっていこうね」

「私一人ではいい学級はつくれないから、みんなで協力していい学級をつくっていこう」

と、〝教師である私はこんなことを考えている〟ことを子どもたちに率直に伝えます。

右の○○の中身は、目の前のクラスの実態によって変えますが、「これが大切だと私が思うこと」を一つ一つに丁寧に話をします。それが、これからつくる学級と授業の基盤になるわけです。

私は基本的に学級開きのときに、(学級の実態にもよりますが) 次の六つの話をします。これが最初に仕組む「仕掛け」の第一歩です (次頁の**資料1**)。

1　『35＋1』

一口に学級といっても、いろいろなつくり方があります。決まった方法があるわけではありません。教師がリードして引っ張っていく方法もあるでしょうし、子どもたちに委ねる方法もあるでしょう。そのなかで、私は子どもたちと一緒につくることを選択しました。

35人学級であれば、次のようにアプローチします。

まず、35＋1と黒板に書き、「私が言いたいことは何かわかりますか？」と子どもたちに問いかけます。

子どもたちは思い思いに発言しはじめます。

資料１　学級開きに子どもたちに伝えること

『35＋１』

学級は35＋１でつくるということ
誰か一人が欠けてもだめだし、
誰か一人でつくれるものではない

『チャレンジ』しよう

人間、失敗なんてあたりまえ
失敗しないで生きるなんて無理
「失敗をおそれない、そして失敗を忘れない、
そして、失敗を繰り返さずにいかすように」

『提案』しよう

いろいろなアイデアを出し合い、
学級を、学校生活を自分たちで創ろう

『助け合い、認め合い、高め合おう』

『あたたかい言葉かけ』を心がけよう

人の心を傷つける言葉、態度は絶対に許さない
特に身体的なことは冗談でも言ってはいけない

『遠慮せず』に…

私が間違えたら言ってください
私も間違えます、人間ですから
間違えたら謝ります

「え、算数の問題?」

（首を横に振る）

「35って何の数字?、もしかして、私たちの人数?」

（軽くうなずく）

「じゃあ、35は私たちってことで、1のほうは?」

「先生じゃない?　1はオグ（私のこと…）」

「だから、私たち35人とオグ1人で合わせて、この学級ということだ」

「そうだ、わたしたちとオグ『35＋1』で学級をつくっていく、ということだ」

子どもたちの発言をうまく引き出せれば、私の考えていることに気づいてくれます。

それに対して、次のように伝えます。


そうそう、この学級はね、私とみんな『35＋1』の36人で協力してつくっていこうよ。だからね、いい、誰か一人ががんばったからいい学級がつくれるわけではない。誰か一人でも欠けてもダメ。一人一人、みんなが大切なんだよ。35＋1、誰一人欠けてはいけない。一人一人、この世界でだれも換えが効かない大切な存在なんだ。

運動が得意な人、社会科が好きな人、絵が上手な人、昆虫に詳しい人、歌がうまい人、給食をもりもり食べる人…いろいろな人がいるから楽しい。いろいろな人がいて、力を合わせるから、ものすごくいい学級になるんだね。

これは、学校生活すべてにかかわる大きな学級哲学でもあります。まず、最初に大きな「仕掛け」を打つ。最も重要な一手です。「あなたが大切、あなたの居場所はここ」を明確にする、子どもたち一人一人へのメッセージだからです。

2 『チャレンジ』しよう

「失敗するのが怖い」「失敗したら叱られる」「だから、チャレンジしろと言われても積極的になれない」そんなふうに感じている子どもは、（教師が考える以上に）多いように思います。

なぜそうなるのか。「失敗したらすごく叱られたことがあって怖かった」など、いろいろな個別の理由はあると思いますが、そもそも、これまでやったことがないこと（未知）に対して怖れを抱くのは自然なことです。まして、子どもたちは（勉強にせよ、友達関係にせよ）あらゆることがはじめて尽くしです。これから一つ一つ学んでいくのですから当然です。失敗を糧にしながら学んでいくのですから。

これは、大人だって同じです。生きている限り、失敗の連続です。「これまで一度も失敗したことがないんだよね」なんて人に、私は会ったことがありません。そのような意味では、はじめてのチャレンジなのに、〝失敗しないようにする〟という想定自体、おかしな話だといえるでしょう。

それに、失敗してみなければ、失敗をするとはどういうことかを知ることができません。それがわからなければ、うまくいっても「成功した！」という実感をもつことはできないでしょう。つまり、どんどんチャレンジして、どんどん失敗をして、何が失敗なのかを身をもって知る、そのうえで同じ失敗をしないようにしていく。数々の失敗が、徐々に失敗しないようになる根をつくるわけです。

そこで、私は子どもたちに次のように伝え続けてきました。

失敗を恐れずに、やりたいこと、達成したい目標のために、どんどんチャレンジしよう。人は失敗の経験をしないで生きていくなんて無理、無理。

でもね、大切なことは、失敗した後です。次、どうすれば同じ失敗をしないで済むかを自分で考えていこう。大切なのは次だよ。

失敗した、といつまでも気にして落ち込んで前に進めないことはよくない。前向きにチャレンジして、失敗し、次は失敗しない方法を考える。それを繰り返せば、どんどん成長していけるね。だから、失敗を恐れずにどんどんチャレンジしてください。

失敗を怖れ、避けようとするのではなく、失敗は成長のために必要なこと、それを教師である私が全面的に応援することを伝えるのです。

これは、授業場面での子どもの姿にも通じるものがあります。

「間違ったら、どうしよう」

「恥ずかしいから、言うのをやめよう」

学習を通じて深い理解にたどりつくには、（正誤にかかわりなく）まず自分の考えをもち、その考えが妥当なのかを確かめることが大切です。そのためには、自分の考えと比較できる他者の考えが欠かせません。つまり、自分の考えを口に出す、友達の口にした発言に耳を傾ける、というやりとりが欠かせないということです。

それに、自分も友達もわからないことに向き合って一生懸命考えているのです。ですから、間違えて当たり前。子どもたち自身が自分の可能性を信じて取り組んでいけるようにすることが大切です。

『マインドセット』の著者・キャロル・ドゥエック（アメリカの教育心理学者）は、「やればできるようになる」と自分の可能性を信じている子どもは、「もともとの資質は変わらない」と思い込んでいる子どもよりも、学力が伸びることを実証しています。

「自分にはできない」「自分には無理」「どうせ失敗するから」を、「チャレンジすることが大事」「がんばれば、自分だってできるようになる」という意識にいかに変えていくか。教師の腕の見せどころだといえるでしょう。

教師の語りは、「やればできる」「チャレンジするのは自分の成長のため」「チャレンジは楽しい」そう子どもたちが思えるようにする「仕掛け」なのです。

3　『提案』しよう

学級や授業がよりよくなるためには、子ども同士で提案し合える環境づくりが欠かせません。そのために、「お互いにいろいろなアイデアを出し合い、学級や学校をつくっていこう」と話をします。

学級は、教師や影響力のある子どもなど、特定の誰かがつくってくれるものではない。自分たち一人一人の力が合わさってはじめてよくなっていく。そのために必要なのが「提案すること」なのです。お互いにアイデアを出し合って、よりよいものにしていくわけです。

そのため、「自分たちでつくっていくんだ」という意識と、そのために「自分には何ができるのか」という問いをもたせることが大切です。つまり、学級づくりを、受け身ではなく自分ごとにしていくわけです。

それが実現されると、授業においても「先生、次は何をやればいいですか？」という質問が次第に減っていき、教師に対する提案や同意を求める発言に変わっていきます。

【発言例】

「グループで話し合う時間をください。グループで相談したいです」

「もう少し調べる時間をください」

「跳び箱の３段の場所をつくってもいいですか」

「（運動会前の）作成会議を開きたいので時間をください」

「練習の様子をビデオに撮って見てみたいです」

「（学期末には）お楽しみ会を開いて、みんなの得意なものを発表する時間をとれませんか？２時間必要です」

また、「自分には何ができるのか」が、「自分たちには何ができるのか」にグレードアップすると、子どもたちの学び方が変わっていきます。たとえば社会科の学習であれば、「地域のために自分たちが協力できることを考えよう」というめあてに対して、自分たちごととして、子どもたち自らが対話を活性化し、具体のイメージをお互いに共有しようとしはじめるのです。

このように、日々の学校生活のなかで、あるいは学級という社会のなかで、「自分たちでつくっていくんだ」「自分は何ができるかを考えるんだ」という姿を育てていくことが、授業のなかに生きてくるわけです。

4『助け合い、認め合い、高め合おう』

大人は社会のなかでお互いにかかわり合いながら生きています。子どもであればその社会は、学校であり、学級です。ですから、この学級という社会のなかで、いかに子ども同士のよりよい「かかわり合い」をつくるかが重要です。そのために必要な視点が集団づくりです。

学校では、子どもたちは集団で学びます。学び合ういい集団が形成されていると、子どもたちは教師の想定を軽く超えていきます。これは集団ならではの効用で、一人ではけっして到達できない学びです。

こうした「かかわり合える」学びを実現するために必要なのが、（学校生活であれ、授業場面であれ）友達と「助け合い、認め合い、高め合う」ことなのです。私は、ことあるごとにその大切さを子どもたちに伝え続けていました。

子どもたちのなかで、「助け合い、認め合い、高め合う」ことが浸透してくると、次第に集団としての力が高まっていきます。そのためにも、この「集団としての力」とはどのような力なのかを押さえておく必要があります。

それは、「みんなが同じことを同じようにできる力」でしょうか？　もしそうであるならば、みんなと同じようにできない子は失敗を怖れて萎縮し、できる子だけの集団になるでしょう。それでは、教師の想定を超える学びは生まれません。誰か一人でも欠けてしまうと、到達できなくなる学びだからです。

では、ここでいう「集団としての力」とはどのような力でしょうか？　それは「個性あふれる一人一人の多様な個の力を結集できる力」です。この力が高まることではじめて、一人一人が集団のなかで個として活躍できるようになるのです。

言い換えれば、**よりよい集団の力とは、一人一人のデコボコした個性が発揮されることで生まれるミックスアップだ**と言い換えられるでしょう（ライバル同士が互いに刺激し合うことで自分のなかの未知の才能を引き出され、誰もが目を見張るようなレベルに到達する様子）。実は、このような文脈で語られたときにはじめて、「学級という集団を育てることが一人一人を育てることにつながる」と言うことができるのです。

5　『あたたかい言葉かけ』を心がけよう―人を傷つける言葉は絶対に許さない

子どもたちは、「一人一人この世界で誰にも換えが効かない大切な存在」です。誰一人欠けてもいけない。このとらえが学級に浸透すると、あえて策など労さなくても、いじめ防止にもつながります。

私は次のように子どもたちに伝えていました。

いじめは絶対に許さない、いじめで辛い思いをする子がこの学級にいる、そんなことを考えたら涙が出てくる。それから、その人にとってどうしようもないことは、絶対に言ってはいけない。もし、そういう言葉を聞いたら、授業中でもいつでも注意をする。

みんななら、どちらがいい？ やさしい言葉、あたたかい言葉をかけられることと、傷つくようなひどい言葉と。

次の言葉は、私が教師になったときに教えてもらったものです。この言葉も子どもたちに紹介します。

そのたった一言が
人の心を傷つける

そのたった一言が
人の心をあたためる

人を暖める言葉がいい、温かい言葉をかけ合ってあったかい学級になれたらいいね、と互いに確認します。もちろん、これは教師である私も心に刻み、十分に気をつけていくことです。子どもだけの問題ではないからです。だから、「私も気をつけるね」とつけ加えます。

6 『遠慮』せず…

最後に伝える言葉は、次のとおりです。

教師であっても私も人間です。だから、何か間違っていたら言ってほしい。言ってくれれば、きちんと説明するし、間違っていたら謝ります。

このように言うと、「えっ」とか「言っていいの？」という声があがります。最初は戸惑い気味でも、きちんと説明すれば私の意図をわかってくれます。

いまでも忘れられない出来事があります。体育の走り高跳びの授業でのことです。高さの違う場、バーが異なる場など、練習する場をいくつかつくって活動していました。そのひとつに高さを計測しながらクリアするとバーを上げていく場があって、私はそこについていました。

計測が進み、バーを上げていきました。最後まで残ったのは２人だけです。すると、ある子が次のように同意を求めてきました。

「私たちも測りたいです。バーを下げてもいいですか？」

それに対して私は、「いま、ＡさんとＢさんの記録更新中。だから、ちょっと待って」と遮りました。言い方もきつかったかもしれません。すると、授業後の休み時間に何人かの子が私のところにやって来ました。

「先生、あの言い方はないと思います。私たちだって自分の記録を更新したかったです」

私は彼女たちに指摘されて、はっとさせられました。

この子たちが腹を立てていたのは、自分の思いどおりにいかなかったことに対してではないからです。〝自分たちの学習が保証されていない〟という不満でした。

もちろん、私だってそんなつもりで遮ったわけではありません。しかし、結果的にそう思わせてしまったのも事実です。

一人一人の学習を保証する。教師として当たり前のことです。場の設定や時間を含めてマネジメントを工夫すれば、彼女たちにも記録を計測させてあげられたはずです。回避できたのに、できなかった私の苦いミスでした。

私は、次の授業がはじまる前に子どもたちに時間をもらいました。そして、みんなの前で謝りました。頭を下げました。子どもたちは許してくれました。フォローしてくれる子まで現れました。

そうです、間違えたら謝る。「相手は子どもだから…」とか、「教師なのに子どもに頭を下げていいの?」などと思ってはいけない。相手がだれであろうと、自分がどんな立場にいようと、間違いを犯したら素直に認める、間違いを認めたら謝る、誠意をもって謝っている人のことは許す。これができなかったら、教師以前に人として失格です。私はそう思います。

まして、教師の態度は、子どもの言動に大きな影響を及ぼします。教師の接し方一つで、この学級ではどんなことが推奨されるのか、あるいは非難されるのかが決まります。いいほうにも、悪いほうにも、子どもの行動規範となるからです。いいほうに向かえば、お互いに安心して学び合える学級文化となり、悪いほうに向かえばお互いを縛り合う同調圧力となります。

子どもは、大人の姿をモデルにして自分に当てはめ、次の行動を選択・判断します。大人である私は間違っても謝らないのに、子どもたちには謝罪を要求するようでは、子どもはいずれ教師の言葉を信じなくなるでしょう。

教師が率先して範を示すことは、なにも善行だけではないということです。**教師の失敗や間違いも、子どもたちにとっては、大切な学ぶ機会**です。間違いは誰にでもあること、それをお互いに許し合えることが大切であることを学ぶ機会なのです。

＊

上述の六つの話を（頃合いを見ながら）4月当初に行って、学級開きにしていました。ここで重要な視点は、教師と子ども、そして子ども同士の人間関係の適度な距離感を明確にすることです。

この一番目の「仕掛け」は、その後の1年間の（授業を含めた）あらゆる場面で効いてくる基盤となります。

［仕掛け②］興味津々「あなたのことが知りたくてたまらない」というメッセージを送る

私たち教師の仕事は「子ども理解にはじまり、子ども理解に終わる」などとも言われますが、その方法は多様です。しかし、共通することもあります。それは、子どもたちが教師である自分に心を開いてくれなければ、理解のしようがないということです。この**子ども理解の基本は、子どもの話を聞くこと**です。

そこで、次のことを重視し、子どもたちに積極的にメッセージを送ります。それは、「あなたたち（子どもたち）のことが知りたくて、私自身（教師）が興味津々だ」というメッセージです。

コミュニケーションの基本は、お互いの興味・関心をもち寄れる会話をつくることにあります。そのためには信頼関係も大切ですが、その前提として興味・関心をこそ第一だと私は考えています。このメッセージは、子どもたち全体に対して発信する場合もあれば、個人に対して発信する場合もあります。前者については、次の二つをねらいます。

一つは、「私は本気であなたたちのことを知りたい、理解したいと思っている」ことを伝えることです。もう一つは、教師自身が〝知りたがり屋〟であることを伝えることを通して、他者に興味をもつことのよさ・おもしろさを学級に広めることです。

「なになに、それってどういうこと？　もっと詳しく」
「その考え方、おもしろい。みんなにも教えて」
「やっぱり、いろいろな人の意見を聞くのは楽しいよね」

といった具合です。

教師が本気で一人一人を知りたがっていることが伝わると、そのうち、私に対してはもちろん、クラスメートに対しても知りたがるようになります。ポジティブなかかわり合いが増えていくのです。「私はあなたのことを知りたい」が、いつしか「みんなもあなたのことが知りたい」に変わる。そうです、好奇心は伝染するのです。

1　学級のスタート：自己紹介

学級はじめに自己紹介をしてもらうクラスは多いと思います。私も、子どもたち一人一人に自分のよさをアピール（自己紹介）してもらっていました。得意なこと、好きなことなど、何を話してもかまいません。特技の披露だってＯＫ。

そうはいっても、うまく話せる子もいればそうでない子もいます。ただ話をさせるだけなら、その人柄はなんとなくわかっても、一人一人のよさまではわからないし、何より興味が湧く子が限定的となります。

ここからが仕掛けであり、教師の出番です。ただスピーチさせるだけでなく、二、三の質問を私がするのです。

「どうして、それが好きなの？」

「（サッカーが得意な子なら）リフティングをどれくらいできる？　次の業間休みに校庭でちょっとやってみてくれる？」

「ピアノでいま練習している曲は何？　私なんて左右の手を別々に動かすなんて無理だなぁ。すごいね、今度弾いて聴かせて」

子どもたちへの質問を通して私自身が感心したり、驚いたり、楽しんだりすることで、その子は何が好きなのか、のみならず、どうして好きなのか、どれくらい好きなのかなど、広く深く理解する材料となります。また、発表している子にとっては自己理解につながったり、みんなから認められることにもつながったりします。

2　毎日：朝のスピーチ

私の学級では、朝の会に1分間スピーチを行っていました。スピーチをするのはその日の日直さんです。テーマは話し合って決めていました。

日直は、スピーチが終わると「何か質問はありますか？」とみんなに問います。それに対して、ここでも私が真っ先に手を挙げて質問します。そうすることで（スピーチの内容を掘り下げることで）、ほかの子どもたちにとっても聞いてみたいという思いを膨らませることができます。すると、最初のうちは手を挙げる子があまりいなくても、次第に増えていきます。

朝の1分間スピーチとそれに対する質問には、次の効果を期待できます。

- 「私はあなたのことを考えているし、知りたいし、あなたのことをみんなにも知ってほしい」という空気をつくれる。
- 教師が「なぜ」と問い続けることで、子どもたちはスピーチするときにも、「なぜなら」と理由を交えて話をするようになる（相手に伝わる話し方を身につけられる）。
- スピーチを聞いている子どもたちも、いろいろな「なぜ」を聞きたくなって、相手の意図を読み取ろうとする聞き方を身につけられる。
- 話し合い、聞き合う関係性が充実することで、お互いに対する好奇心が増す。

3 発問と発言は教師と子どもの会話

「対話的な学び」が求められる昨今ですが、意識しすぎると、「どの授業でも対話をさせなくちゃ」「1時間の授業時間に対話させる時間は何分あればいいのかな」などと、型にはめるような発想になりやすいからです。それでは、せっかく時間をとっても、形ばかりの学びのない対話になってしまうでしょう。実は、対話の土台づくりは、日頃からの単純な積み重ねにあると思います。

そんなふうに考える私は、「会話」が大切なのではないかと思っています。発問と発話みたいな言葉はいったん脇に置いておいて、教師と子ども、子ども同士の会話です。

だから、授業においても発問ではなく質問。

「へぇ、その考え方、おもしろい。どうしてそう考えたの?」

「なるほど。どこからそんなこと思ったの? 私に教えて」

といった案配で、教師時代には、「なぜ?」(理由)と「どのように?」(方法)を子どもたちにガンガン質問していました。

私が子どもたちに求めていたのは、私の質問に対する回答です。解答ではありません。「私の発問への正しい答えはなんですか?」ではなく、「私自身があなたの考えを知りたいと思ったので教えて」なのです。

いつも教えられる立場に置かれていた子どもが、逆に教師から教えを請われるわけです。（慣れるまでは戸惑う子もいるかもしれませんが）不快に思う子どもはまずいません。どんどん教えてくれます。社会科授業であれば、最終的には学習問題の解決は子どもたちが出すわけですが、それまでは会話で十分。

子どもたちからすると、「あぁ、まただ」「オグは、よく質問してくる」「理由を知りたがる」と受け止めます。このような仕掛けが「そんなに私たちのことを知りたいの？」という意識を浸透させていくのです。

そして、子どもたちが回答してくれたことに対しては、しっかり価値づけます。「なるほど」「そこから考えたのか」「おもしろい考えだ」「学習がつながっているね、つなげて考えるのはすばらしい」などなど。

「あなたの考えを聞きたい。どうしてそう考えたのかを知りたい。そして、みんなにも聞かせたい、みんなと『すごいよね』と言い合いたい」常にそう考えて、子どもとのやりとりを楽しんでいました。これも私の考える「仕掛け」の一つです。

【仕掛け③】二つの日記で子どもとかかわる

子どもが教師とつながることができるルートをつくっておくことは非常に重要です。子どもが安心して学校生活を送れるようにするためにです。

ルートづくりといっても、いろいろな方法があると思います。私の場合は、日記でした。それも「三行日記」と「5分間日記」の二つです。この二つの日記を使い分けて、子どもたちと毎日かかわるようにしていました。

さて、この二つの日記を活用したルートづくりには、共通する四つの効用があります。

ア　毎日子どもたち一人一人と必ずかかわることができること（対話できること）
イ　保護者に学校の様子、子どもの様子を伝えられること
ウ　教師との信頼関係を構築できること
エ　悩みをもっている子どもがいれば探知し、すぐに善後策を講じられるようになること

この四つが組み合わされることで、子どもは安心感をもって登校できる（保護者にしてみれば、安心してわが子を学校に送り出せる）ようになります。

では、一つ一つ紹介していきましょう。

1　三行日記

日記の一つめは「よかったよ・たのしかったよカード」です（次頁の**資料2**）。これは、毎日子どもが下校するまでの間に書いて提出してもらう三行日記です。毎日コメントを書いて次の日に返します。いわば、子どもと私の交換日記のようなものです。また、週末にはもち帰らせます。1週間分の子どもと私のかかわりを保護者に知ってもらうためです。

（どんな話題でもいいから）毎日、全員の子どもと会話をするのが理想だし、そうなるようめざしはしますが、現実にはなかなかできることではありません。だから、せめてこの三行日記を通して、月曜日から金曜日まで必ず毎日子どもと会話をし続けていました。

「よかったよ・たのしかったよカード」という名称にした意図は、一日一日をポジティブにとらえてもらうためです。下校時に、「今日はいやなことがあったな」よりも、「いやなこともあったけど、○○はよかったな（楽しかったな）」という場面を思い返して家に

資料2　三行日記

1日の生活をふりかえって

よかったよ・楽しかったよカード

月　　　名前　　　　　　　　　　No.

		今日の「よかったよ・たのしかったよ」3行日記	先生から
月	日		
火	日		
水	日		
木	日		
金	日		

おうちのひとから…

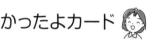

帰れるほうがいいじゃないですか。明日もまた元気に登校しよう、そんな気持ちになってくれたらいい、そんな思いからはじめたことでした。

ときには、「明日の昼休み、一緒にサッカーしてください」とお誘いがくることもありました。それに対して、私のほうからは「よし、明日はサッカーで対決だぞ」とコメントしたり、ときには「今日元気なかったけど、どうした？」とメッセージを送ることもありました。

他方、いいことばかりではありません。「今日休み時間に、〇〇さんにいやなことを言われました。悲しいです」と書いてくる子もいます。ときには、緊急を要するSOSもあります。

Aさんの三行日記には、行末にアンパンマンの顔が描かれていることがありました。これは、周りの子にわからないようにするために、Aさんと取り決めた二人だけのサインです。「明日、相談があります。休み時間に話を聞いてください」という意味でした。このような「いざというとき、自分を助けてもらえる」というホットラインとしても機能していたのです。

私にしてみれば、よかったこと・たのしかったことも聞きたいし、困っていること・悩んでいること・辛いことも聞きたいのです。この三行日記は、私と子どもたちをつなぐ大切なルートの一つだったのです。

2　5分間日記

もう一つの日記は、「いっぽ　いっぽ」です。

これは、家で書いてきてもらう家庭学習用のシートです（資料3）。漢字の書き順や文をつくる欄に加えて、「5分間日記」を書く欄があります。これは、毎朝提出してもらい、コメントを書いて返します。下校までに返せるときは下校までに、その日に返せない場合はその次の日の朝までに返します。

「5分間日記」の内容は、自由です。授業のこと、友達のこと、習いごとのこと、好きな本の紹介、新聞記事を読んだ感想、家族のこと、旅行のことなど、なんでもかまいません。

「きょうのお母さんの晩御飯のメニューは、ぼくの大好きなハンバーグです。おいしかったです。お母さんのハンバーグは最高です」こんなことを書いてくる子もいました。

ほかにも、相談ごとをもちかけてくる子もいます。6年生を担任したときのことです。

いつも元気いっぱいで笑顔が絶えないBくん。そんな彼が、何日も元気がなかったので、どうしたんだろうと心配していました。すると、ある日の日記にこう書いてきました。

資料3 5分間日記

平成○年度 ○年○組 毎日の家庭学習 “継続（けいぞく）は力なり„

月 日 No.

いっぽ いっぽ 名前

文作り

れんしゅう

書きじゅん

一画ずつ書き足していきましょう。

13	7	1
14	8	2
15	9	3
16	10	4
17	11	5
18	12	6

☆今日の漢字

読み方

くん 音(オン)

画数 部首

☆今日の5分間日記

「Cさんにふられました。オグ、ぼくはどうしたらいいかわからない」

恋愛相談だったのです。

実を言うと、Cさんにはほかに好きな男の子がいるのを私は知っていました。Bくんがそれとは知らずにCさんのことを好きなことも薄々気づいていました。担任だから手の内は全部わかっていました。最初から、かなわぬ恋だったのです。

そのBくんがCさんに告白し、ふられてしまい、本気で悩み、落ち込んだ末に私に相談してきたのです。これはもう、一大事ですよ。私は全力でコメントを書き、こっそり手渡しして、肩をぽんぽんと叩くわけです。「がんばれ、立ち直るまで応援するからな」と。しばらくそうやって、自分の経験談も交えながら励ますうちに、彼は立ち直っていきました。私にとってもいい思い出です。

ほかにも、「私は代表委員になりたいと思っています。学校を盛りあげたいので応援してください」と書いてくる子もいました。「がんばれ、応援しているからね」「よし、絶対に立候補してみんなに思いを伝えよう」とコメントしました。こうしたやりとりは数え切れないほど行いました。

「何でも書いていい（何を書いても怒られない、あるいは励ましてくれる）」ということが子どもの間で浸透してくると、彼らは本当にいろいろなことを書いてくれるようになります。

なかには私の授業に対する批評までありました。「今日のオグの授業、よかったよ」などなど。

先生にはどんなことでも自由な発想で伝えていい、それがどんな内容であってもポジティブなコメントを返してくれる、こうした信頼関係を子どもと築いておくことが、授業の場で効いてくる「仕掛け」です。

3 学級通信

子どもたちに書いてもらった日記は、学級通信で紹介することもあります（次頁の**資料**4、5は、日記の活動を保護者に理解してもらうためのもの）。もちろん、書いた子どもの掲載許可を得ながらですが、1年間かけてすべての子の日記が載せられるように工夫します。

子ども同士が互いによさを認め合ったり、わかり合えるきっかけになることもあるし、どうやって日記を書けばよいかわからない子にとっては書き方のモデルになることもあります。いずれにしても、子どもが実際に書いた日記は、私が「Dさんがこんなことを書いてくれたよー」とくどくど説明するよりも、ずばりそのまま掲載してしまったほうが子どもの心に強い印象を残すようです。

そのいくつかを紹介しましょう。

資料4　学級通信①

○年○組　学級通信　　20××. △. △ No. □

いっぽ　いっぽ

東京学芸大学付属小金井小学校
○年○組　担任　小倉　勝登

“継続（けいぞく）は、力なり”

○組では、毎日の家庭学習（課題）として、『いっぽいっぽ』（A4用紙1枚）に取り組みます。基本的に毎日継続して行う宿題は、この1枚です。プリントの内容は、漢字1文字の練習と日記です。内容は、簡単なものですが、毎日続けるとなると、たいへんです。継続は力なり…積み重ねれば、必ず大きな力になります。保護者の皆様、ご理解、ご協力よろしくお願いします。

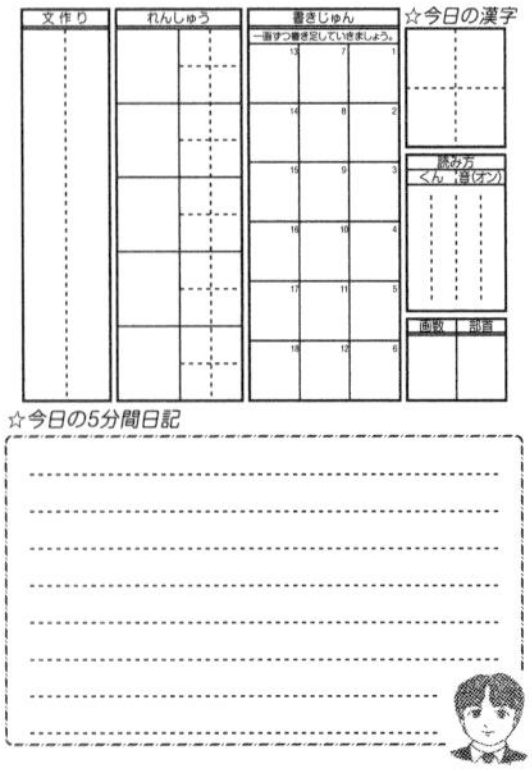

かん字ドリルを見ながら、毎日1文字ずつ、かん字のれん習を行います。
正しく、ていねいに取り組みましょう。
まちがえたかん字をれん習しても力には、なりません。

毎日、日記を書きます。
内ようは、学校のこと、おうちのこと、なやみごと、そうだん、しゅ味…
何でもかまいません。
自由に書いて見ましょう。
できるだけ、さい後の行まで書きましょう。

おうちの人から…

《お願い》

『いっぽいっぽ』の裏面には、お家の方からサインをいただく欄があります。表面の漢字の練習、日記を確認していただき、また、裏面の明日の予定を確認していただきましたら、サイン、印、または、コメントをお願い致します。どうぞよろしくお願い致します。

☆毎日、子どもたち一人一人の日記を読むのが楽しみです。私も、読んでコメントを書いて返却したいと思います。どうぞよろしくお願い致します。

資料5　学級通信②

○年○組　学級通信　　　　　　　　　　20××．△．△　No. □

いっぽ　いっぽ

東京学芸大学付属小金井小学校
○年○組　担任　小倉　勝登

“1日1日のふりかえりを”

○組では、毎日、学校の生活のふり返りに取り組みます。下校までにその日一日の学校生活をふり返り「よかったことや楽しかったこと」を3行日記に書いて、毎日提出します。私は、提出された日記を読み、返事を書いて次の日の朝子どもたちに返します。そして、その3行日記は、毎週金曜日に、持ち帰ります。お家の方に1週間の様子をお読みいただき、サインやコメントを記入していただいたものを翌週月曜日の朝、学校で提出してもらいます。

この取組には、3つのねらいがあります。

①子どもにとっては、その日の自分のふりかえりができること
②私と子どもたちが毎日カードを通して会話（コミュニケーション）できること
③お家の方に1週間のお子様の様子をお伝えできること

保護者の皆様、ご理解、ご協力よろしくお願いします。

		今日の「よかったよ・たのしかったよ」3行日記	先生から
月	日		

毎日　下校までに3行日記を書いて提出します　　　私が日記の返事を書きます

おうちの人から…

※サイン・印・コメント　など

『よかったよ・楽しかったよ』の一番下には、お家の方からサインをいただく欄があります。月曜日から金曜日までの3行日記を確認していただき、サイン、印、または、コメントをお願い致します。お家の方に読んでいただいたことがわかれば十分ですので、サインや印でかまいません。もちろん、コメントを4/3：再校いただけるなら、1週間楽しく元気に頑張ったお子さんに対して温かなメッセージをお願い致します。どうぞよろしくお願い致します。

今日は、運動会でした。中学年リレーで、バトンをもらうのとわたすのがすごくうまくできたので、すごくうれしかったです。それに、みんな失敗が一回もなかったので、絶対、バトンの練習などをいろいろしたからだなと思いました。いつもと同じようにできたことが、わたしはよかったなと思いました。リレーがおわったしゅん間大声を出しそうでした。

（3年生の運動会後の5分間日記）

今日、3、4時間目に附属幼稚園の子どもたちと遊んだり、お弁当を食べたりしました。幼稚園では、前から決まっていたお相手さんと遊びました。

私のお相手さんは、○○ちゃんです。なわを使って、へびや電車などをして遊びました。次にお弁当を食べました。最後に「一休さん」の本を読んであげました。○○ちゃんが一生懸命聞いてくれたのでうれしかったです。

本を読んであげた後に「今日は楽しかった？」と聞いたら、「うん」と言ってくれました。12月には、○○ちゃんと学校でたこあげをすることが、楽しみです。

（附属幼稚園との交流会後の日記）

[仕掛け④] 1「×1」を「×35」に広げる

子どもは、よく「先生、Aちゃんばっかり褒めてずるい」「ひいきだ」などと言ってきたりします。何かにつけて口に出すのは低学年の特徴ですが、高学年であっても（口には出さないだけで）心のなかでわかだまりをもつという点では変わりありません。

なぜ、そういう言い方になるのか。自分以外の子どもに対する特別扱いへの敏感な不公平感がその理由ですが、もう一つあります。

それは、子どもにとって教師との関係は常に「私と先生」、つまり「1×1」だということです。つまり、周りの子のことが見えていないのです。

これに対して、教師にとっての子どもとの関係はどうでしょう。直接向かい合う場合は1×1です。しかし、学級全体との関係では1×35です。つまり、1×1でありながら、同時に1×35であるということです。この双方の関係性を並立しなければならない点に教師独特のむずかしさがあります。

しかし、並立させるとはいえ限界があります。1×35でありながら、すべての子どもと常に1×1の関係性を維持することはできないからです。そこで、次の仕掛けです。1（自分）×1（教師）を、1（自分）×（1〈教師〉+34〈自分以外のクラスメート〉）へと、子どもの視野を広げるのです。

そのためには、どうすればいいか。実は、それほどむずかしいことではありません。

1　一人の発言をみんなに広げる

私の質問（発問）に対して、Aさんが「○○は、□□だと思います」と答えたとします。それに対して、「なるほど。Aさんは○○だと思っているんですね。それでは、みんなはAさんの考えをどう思う？」と振ります。これだけです。要するに、私に向けて発せられた発言を、みんな（34人）に対する発言にスイッチさせてしまうわけです。

仮にBさんが「わたしも同じだ」と言えば、Aさんの視線はBさんに向かうでしょう。それに対して、Cくんが「ぼくは、△△だと思う」と反応したら、今度はAさんやBさんの視線がCくんに集まるでしょう。つられてみんなの視線も動き出します。まるでピンボールのように視線が飛び交い、私（教師）への発言だったはずのAさんの発言が、いつの間にか学級全体の話題となり、みんなの話し合いに発展していきます。こうした割と単純なことなのです。

ただし、気をつけなければならないこともあります。それは、ポジティブな連鎖になるように仕掛けていくことです。

もし、「Dくんの意見はおかしい」「Eさんの意見はわがまま」といったネガティブな連鎖になってしまえば、周囲の視線を怖れて、だれもが口をつぐんでしまうでしょう。

だからこそ、ポジティブな連鎖になるように、いかにして意図的に仕掛けていくかが重要です。うまくいけば、「何か言えば、みんなが自分に興味をもってくれる」と子どもたちは思いはじめます。

いままで自分の視野に入らなかった友達の顔が見えてくれれば、その友達の話も聞けるようになります。そのうちに、私にだけ言っていたことが、だんだんとみんなに対して言えるようになっていきます。同時に、友達の発言をキャッチして、反応できる子も増えてきます。つまり、授業での話し合いが自然と活性化するのです。のみならず、これまで私のことしか見ていなかった子が、周りを見る（好奇心を向ける）ようになるのです。まさに一石二鳥。

2 教師の立ち位置

授業中、状況に応じて立ち位置を変える。こうした光景は、特に低学年の授業でよく目にします。なぜ、立ち位置を変えるのか、その意図は授業者によって違いがあると思います。私の場合は、ある子の発言が、学級全体に届くようにするために立ち位置を変えていました。

授業中の子どもは、教師に向かって発言します。座席をコの字にしていたとしてもそうです。子ども同士向かい合って座っていても、みんなの前で発言するときの視線は、常に教師に注がれます。ほかの子には目もくれません。

「誰かが発言したら、その子に体を向けましょう」と指導する先生がいます。それ自体はよいことだと思います。しかし、体を向かせるだけでは、足りないと思います。聞き手は話し手を向いているのに、話し手は授業者に向いてしまっているのでは、（周囲にはせっかく34人もいるのに）1×1のまま話し手の視野は広がっていきません。

そこで、私は話し手が教室のどこにいるのかに応じて、立ち位置をクルクルと変化させていました。できるだけ発言者の対角線上一番遠い位置に陣取るのです。そして、一言「私に聞こえるように言ってね」とつけ加えます。

子どもは教師を目掛けて発言するわけですから、（その子のなかでは、教師と1×1のままだったとしても）その子の発言は学級全体に届くようになります。その後は、前述と同じです。私に対するその子の発言を、みんなに対する発言にスイッチさせるだけです。

また、できるだけ発言者の対角線上に立つのは、ほかにも次のような効用があります。

それは、（話し手も聞き手も含めて）35人をすべて自分の視野に収めることができるということです。

仮に、黒板の正面に立ち、窓際のEさんの発言を聞いていたら、廊下側でしきりにうなずいたり首を振ったりしているFくんやGさんの様子に気づくことはできません。しかし、あらかじめ廊下側の端まで移動しておけば、彼らの何か言いたげな様子に気づくことができます。そうすれば、Eさんの発言を受けて彼らに発言を振ることもできるし、全体に振ることもできるようになります。

このように、個を見ながら、同時に集団が見えているから、子どもの発言をほかの子にパスできるのです。そうでないと、積極的に発言する子どもとだけのやりとりになってしまうでしょう。

もし、授業中に1×1で完結させる必要がある場合は、机間指導のときにその子の脇にしゃがんで、その子の考えにそっと耳を傾ければいいのです。

個への指導と集団への指導は、いわば私たちの仕事の両輪です。双方を行きつ戻りさせながら抱き合わせで指導することが大切なのです。

［仕掛け⑤］わたしのうれしいを、みんなのうれしいにする

学級というのは、まさに〝One Team〟。互いのことを気にする、見ている、認め合っている。そのために、自分のことも大切にする。そういう集団であってはじめて、学校が楽しい場所になり、みんなで力を合わせて問題を解決していける授業を生み出す苗床となります。

子ども同士、共に喜び合える瞬間をどれだけ多くつくり出せるか。だれかの誕生日を祝うのだっていい。一人の喜びやがんばりをみんなで共有できるようにする仕掛けをどれだけ講じられるかが勝負だと私は思います。

小学校教師としての最後の年、私はこのことの大切さを改めて子どもたちに教えてもらいました。体育の授業でのことです。

毎時間、自分のめあてに向かって一生懸命に取り組んでいるのだけど、跳び箱を跳べないAくんがいました。直接跳び方を指導したり、場を工夫したりするなど、さまざまな支援をしたのですが、どうしても跳べるようになりません。「みんな跳べているのに…、どうせぼくなんか…」と、悲観的になっていくのがわかりました。

さて、どうしたものかと思っていたところ、トコトコとBくんが私のもとにやってきました。すでに高い段まで跳べるようになっていて、いろいろな技に挑戦していた子の一人です。

「どうしたの？」と尋ねると、「オグ…、Aくんを手伝ってもいい？」と言うのです。

「手伝うのはかまわないけど、自分の練習はいいの？」と言うと、「いい」と言ってAくんのもとに走っていきました。

しばらくすると、Bくんは一番長いマットをもってきて、くるくるっと丸め、Aくんに言いました。「これを跳び箱だと思ってやってみてよ」

跳び箱への恐怖心を少しでもやわらげたいと思ったのでしょう。マットだったら痛くないし、怖くないはずだ、と。AくんはBくんの言うとおりに練習しはじめました。

この練習方法は、Bくんの発案です。少なくとも、そんな跳び箱の練習など教えたこともなければ、見たこともなかったですから。

Bくんは、何度もお手本を見せながら、Aくんに声をかけます。「惜しい」「もう少しだよ」と、ずっと励ましているわけです。私は手を出さずに少し離れて様子を見ていました。

このような振る舞いは、Bくんの人柄によるものだったと思います。しかし、それだけでもないと思います。しばらくすると、様子を見ていた子が一人、また一人と加わりはじめたからです。彼らは何やら話し合いをはじめました。どうやらAくんをサポートするための役割分担を決めていたようです。

「えっと、ここが手をつく位置ね。で、ここでジャンプ」と、ポイントを解説する子。

「じゃあ、跳んでみるね。ちょっと見てて」と、実際に跳んで見せる子。

「ゆっくりとでいいよ」と、励ましの声をかける子。

彼らの姿を見ていて「この子たちは、偉いな」と思いました。「だめだね」とか「何やってんだよ」なんて言わない。けっしてけなさないのです。

最初はBくんが丸めたマットで練習していたAくんでしたが、何か感じがつかめたのでしょう。〝ちょっと跳び箱でもやってみようよ〟ということになったようでした。Aくんもみんなも、〝まぁ、お試しくらいで〟という感じだったと思います。

そうしたら、突然跳んだのです。

当の本人は「あれ…」と呆然としている。Bくんは Aくんに駆け寄って抱き着いて喜んでいる。それだけではありません。授業中だというのに、周りの子も一斉に集まってきて一緒に喜んでいるのです。そんな光景が私の目に飛び込んできました。

直接Aくんの練習につき合っていなかった子どもたちも、がんばっていたAくんの姿を見ています。きっと、心のなかで応援していたのでしょう。Aくんが跳べて、Bくんが喜んだ瞬間、自分の練習をほっぽり投げて彼らのもとに集まってきて、「やった、やった！」と大騒ぎ。

そんな子どもたちの姿を眺めていて、私は涙があふれそうになりました。〝この子たちは本当にすごい…まさかこんな姿を見せてくれるなんて…〟。互いを認め合い、だれかのがんばりを応援する。共に学ぶ仲間を意識し、助けを求める子がいれば手を差し伸べる。まさに「助け合い、認め合い、高め合う」子どもたちの姿を、私は目の当たりにしたのです。

＊

日本の若者は、自己肯定感が低いと言います。これは、国が行っている意識調査でもそうだし、国際調査の結果を見てもそうです。だからこそ、学校で「自分はがんばった。だから、自分は成功した」という成功体験を積むことは、確かに大切なことだと思います。自信にもつながるでしょう。しかし、自分限りの成功体験だけでは満たされない子どもが多いのではないかと私には思えるのです。

自分の成功でなくたっていい、どちらかというと友達の成功のほうがいい。**だれかの成功体験に自分がかかわった、一役立てたという事実のほうが、彼らの自己肯定感を引き上げる**ように思うのです。

子どもたち自身、そう直観している気がします。だから、友達とのかかわりを通して共に喜び合える瞬間を、心ひそかに待ちわびているように私には見えます。

当の本人はケロッとしていても、周囲には自分のこと以上に喜んだり、悲しんだり、悔しがったりしてくれる仲間がいる。だから、わたしのうれしいが、みんなのうれしいになる。それがまた、わたしのうれしいになる。この〝うれしいが伝播する〟という連鎖が、彼らの自己肯定感の源だと私は思います。だれかを認めることが、自分を認めることにつながるのです。

[仕掛け⑥] みんなで力を合わせて問題解決する場面をつくる

重要なことは、「みんなで、、、できた」「みんなとだから、、、できた」を味わえる場面を、、、数多くつくることです。

そのためには、学校生活を通して、少しがんばれば達成できる、みんなでチャレンジすれば達成できる、子どもたち同士で試行錯誤すれば達成できる、そんな場面をいくつも設定し、子どもたちの力で実行し、積み上げていくことです。それが、一人一人の自信につながり、学級全体の結束力を高めます。

たとえば、運動会。「勝ち負けだけではない」とよく言われます。『小学校学習指導要

領解説　特別活動編』においても、「いたずらに勝負にこだわることなく、また、一部の児童の活動にならないように配慮する」ことを求めています。

確かにそのとおりだと思う反面、子どもたちのほうはどうなのだろうと思うことがあります。子どもたちはいつだって、（たとえ口には出さなくても）〝勝ちたい〟という気持ちをもっていますよね。

教師としては、勝敗に偏る指導は慎むべきです。しかし、子どもたちの気持ちは尊重する、そんな対応に努めるのも、教師の大切な役割だと思います。

私が勤めていた学校では、３年生の学年団体競技で「台風の目」（運動会などで行われる競技のひとつ。鳴門の渦潮、タイフーン、旋風、ハリケーンともいう）を行っていました。運動会での目玉の一つです。

あるとき、何人かの子どもたちが、私のところにやってきて言いました。「どうしても勝ちたいんです。だから、作戦会議を開きたいので、時間をください」

子どものほうから主体的に言ってきた提案です。そこで、私は早速その場を設けて、次のように切り出しました。「『台風の目』で勝つには、いくつかのポイントがあるんだ」

子どもたちからは、おぉぉおという声が漏れます。

「だけど、そのポイントは、きみたち自身で見つけだす必要がある。そうでないと、作戦はうまくかない」

私はそう言って、昨年に撮影した「台風の目」のＶＴＲ（団体競技の説明をする際に見せた映像）を再び子どもたちに見せました。

「さぁ、よく見てごらん。ポイントがわかるかな」

子どもたちは、次々と気づいたことを発言しはじめます。

「優勝したクラスは、足が速い人が多い？」

「それじゃ、足が遅い人は転んじゃうよ」

「じゃあ、走るスピードがそろってる？」

「それもあると思うけど、すごく声を掛け合っているよね」

「たしかに」

「あっ！」Ａさんが声をあげました。「優勝したクラスは、１回もミスしてない！」

「それだ、きっとそうだ！」

「ミスをしないから速く回れている」

大正解です。やり直しをしたり、旗を倒したり、誰かが離れているのに引っ張っていったりしない、ノーミスで行くのが一番速い。とても単純なことです。

子どもたちは、さらにＶＴＲを見直しながら、優勝したクラスのよかったところを見つけていきます。

「ほら、棒を通すときに、みんながギューッと固まっているよ」

これも正解。棒をもってきて、上下を通すときに、みんながギュッと集まって上を通して下を通し、次の人に声を掛けながら渡す。ここが動きのポイントです。

ひととおりポイントが出そろったところで、「では、どうしたら実現できるかみんなで考えてみて」と声を掛けました。

ここからが彼らにとっての本当の作戦会議です。「ミスをせずに済むにはどうすればいいか」「そのために、どのように動き方を工夫すればいいか」「どのように練習すればできるようになるか」ディスカッションしていました。

しばらくすると、「じゃあ、先生、わたしたち練習してくるよ」と言って、さっさと校庭に行ってしまいました。

このやりとり、何かに似ていると思いませんか？　そうです、普段の授業での教師と子ども、子ども同士のやりとりと同じです。さらに言えば、問題解決的な学習の進め方そのものです。

このように、教師の仕掛け次第で、運動会の練習も問題解決的に行うことができるのです。さらに言えば、学校の教育活動において問題解決的にできないものはないとさえ言い切ることができると私は思っています。

子どもたちが自分で掲げためあては、次の三つです。

●棒を通すときに固まること。
●しっかり声を掛け合うこと。
●そのうえでミスをしないこと。

この三つを着実に実行できれば必ず勝てると信じて、子どもたちは練習に取り組んでいました。そして迎えた運動会当日。大接戦の末、見事に優勝したのです。子どもたちの喜びが爆発しました。

このときふと思ったのですが、闇雲に練習してそれでも勝てたとしたら、どうだっただろう、これほどまでに大喜びしただろうか、と。喜んだには違いないでしょうけど、お互いに抱き合ってまで喜び合うまでには至らなかったのではないか…。

勝ちたいという思いをみんなで共有する、勇気を出して担任に相談して時間と場をつくってもらう、映像を通して対話を重ね、自分たちでポイントを見つけ出し作戦を立てる、自分たちが見いだしためあてが正しいと信じて練習に打ち込む、こうしたプロセスの末に勝ち取った優勝であったからこそ、喜びが爆発したのではないかと私には思えます。

逆に、もし勝てなかったら…涙を流すくらい本気で悔しがる、そんな彼らの姿を目にしただろうと思います。そのような意味では、失敗体験だって彼らのいい肥やしになったはずです。でももちろん、勝てるほうが何倍もいいですよね。

さて、それからというもの、子どもたちはすっかり「作戦会議」にはまってしまいました。おかげで、何かというと「作戦会議がしたい」と言い出すので少々面倒でしたが、学級を構成する力、集団力が高まっていったことは間違いありません。

＊

教師が先回りして、「ポイントはミスをしないこと、声を掛け合うことも大事」と最初から教えてしまう方法もあるとは思います。それが悪いとは言いません。しかし、実際に競技に参加する子どもたちのほうはどうでしょう。本当に納得して練習に打ち込むことができるでしょうか。

現実には、思うように練習がうまくいかないことだってあります。実際に、そのような光景も垣間見られました。しかし、彼らはそのつど「ちょっとみんな集まって。どうすればいいか話し合おう」などと言い合って、改善点をお互いに模索していました。

もし、教師が先回りしてしまっていたとしたら、次のことが起きるのではないでしょうか。

●何かあるたびに、「先生、どうすればいいですか？」と聞いてくる→自分たちで考えようとしない

●教師はなだめたりすかしたりしながら、何とかそれなりの形に仕上げていく→教師の側が大変になる割には、子どもたちのほうに達成感が生まれにくい

●何度言ってもうまくいかないと、うまくできない子を非難し出す→かえって結束力が弱まる

たとえ稚拙だっていい、最適解を見つけられなくったっていい、ときには言い合いになってもいい、子どもたち自身が考え、自分たちが考えたことを信じて取り組む、これ以外に本当の達成感や充実感を味わい、成長していける道筋はないのではないかと私は思うのです。

だから、教師のほうは問題解決の場を意図的に設定し、たとえ答えを知っていても知らん顔を決め込んで、「みんなはどうしたいの？」「どうすればいいと思う？」などと、彼らが行き詰まりそうになったときに最低限の水を向けてあげればいい。そうしたら、

彼らは勝手に力を合わせて学びはじめます。

自分たちが試行錯誤のうえで気づいたこと、決めたこと、目指したことであれば、（それがどれだけ些細な事柄だったとしても）納得づくで主体的に取り組んでいくことができます。こうした積み上げが、授業における問題解決に必ず効いてきます。そういう仕掛けなのです。

［仕掛け⑦］子どもの言葉は、子どもに解説してもらう

いい授業を行える教師の力量には共通点があります。それは子どもの発言の意味を正確にとらえられる力です。〝なにをそんな当たり前のことを〟と思われる方もいるかもしれません。しかし、これは案外、というか、非常にむずかしいことなのです。

子どもの言葉の意味を理解するには、その子の感性を解釈する力が求められます。実は、力量のある教師はこの力に秀でています。しかし、この解釈も万能ではありません。仮に正しく解釈できたとしても、教師一人限りの理解にとどまってしまうことがあるからです。そうであれば、他の子どもたちは全く理解できていないという状況が生まれてしまうでしょう。これは避けなければなりません。そこで、私はできるだけ、子

どもの言葉は子どもに説明してもらうことを心がけてきました。

　これは、それほどむずかしいことではありません。子どもの言葉は、大人の論理（教師一人だけ）で解釈せずに、ほかの子どもに聞いてしまえばいいということです。

　まずは、その子に聞き返し、「よくわからなかったから、もう一度教えてもらえる？」と説明し直してもらいます。それでもよくわからなければ、「Ａくんが何が言いたかったのか、わかる人はいる？」とほかの子に振るわけです。すると、代弁してくれる子が現れるでしょう。

　そのうえで、「Ａくん、そういうことでいいのかな？」と尋ねて、「そうだ」と答えてくれたら、「そういうことか、よくわかった。ありがとう」と礼を言えばいい。実に、シンプルです。もし、だれもＡくんを代弁できないとしたら、教師である自分の聞き方（発問の仕方）を変えてみるといいでしょう。

　いずれにしても、子どもの言葉は、他の子どもの理解度のほうが高いのです。ですから、〝自分がわかるようにならなくちゃ〟などと肩ひじ張る必要はありません。質問すれば「きっとこういうことだと思う」と言ってくれます。「本当にそういうことなの？」と聞き返せば、たいていそうだったりするのです。子どもは言葉が足りないから説明し切れない場合でも、いつも一緒に過ごしている子どもには通じるわけです。「あぁ、そういうことなのね」と。私は、ずっとそのように子どもたちとかかわってきました。

　他方、教師の技としては、本当は理解しているのだけど、あえてわからないフリをするということもあるでしょう。

「いまの発言、（本当はわかっているけど）よくわからなかったので、もう少し詳しくみんなに教えてくれない？」

　こんな聞き方であれば、その子の説明力を向上させることができるかもしれないし、みんなに伝えようとする相手意識の高まりも期待できるかもしれません。教師としては、わかったうえでのパフォーマンスですから、指導を誤ることもありません。

＊

「それって、どういうこと？　私に（みんなに）教えて」

　これは、私の口癖であり、最良の仕掛けの一つでした。授業に限らず、休み時間でのちょっとした会話であっても問い続けていました。その子の発言の意図が本当に理解できていないときはもちろん、理解できていたとしてもです。

　子どもたちの話す力がついていけば、授業中の教師の発言だって少なくて済むようになります。「それって、どういうこと？」と質問するだけで、子どもたちのほうがどんどん学んでいってくれるのですから。

［仕掛け⑧］子どもとの会話を楽しみ、会話で育てる

私は、子どもと会話することが大好きです。単純におもしろい。「そんなことは、思いもしなかった」「へぇ、そんなことを考えているのか」と常に新鮮な驚きや発見をくれます。私の話をおもしろそうに聞いてくれるのもうれしい。日常でのちょっとしたやりとりはもちろん、授業でのやりとりも同じです。私にとっては、すべてが子どもとの会話でした。

会話は双方向です。どちらか一方が楽しくて、もう一方がつまらないというのでは、関係が長続きしません。逆にもし、そこに継続性があるのだとしたら、私が子どもとの会話を楽しめているだけでなく、子どものほうも楽しんでいるということです。

子どもとの会話を楽しむ際、私は子どもの言葉の真意をつかむため、繰り返し問い返しを行ってきました。私の考える問い返しには、次の四つのパターンがあります。

「ほかには、どう？」●子どもの視野を広げる問い返し

「たとえば、どういうこと？」●イメージを具体化する問い返し

「どこから、そう思ったの？」●話題を焦点化したり、根拠を求めたりする問い返し
「つまり、どういうこと？」●掘り下げる問い返し

授業中はもちろん、休み時間のちょっとしたやりとりも含め、学級のなかで日常的に行ってきた問い返しです。

だからといって、「こんなときは、どんな問い返しをすればよいのかな」とか、「最近問い返しが少ないから増やさなきゃ」などと、肩ひじ張る必要はありません。子どもの話を聞いて、「おもしろいな」「それってどういう意味だろう」と自分が素朴に感じたことを聞き返すだけです。

「そんなこと、教師ならだれでもやってるんじゃない？」と思われる方もいるかもしれません。しかし、子どもが何を言っているのかよくわからなかったり、大人目線ではとりとめのない話だったりすると、「うんうん、そうかそうか」と相づちを打ちながらも、右から左に聞き流していることが少なくないのです。それではもったいない。

意図的に問い返しを行い続けていると、おもしろい現象が生まれます。それは、子どもが教師のまねするようになることです。

「先生、いま言ったことは、たとえばどういうこと？」と子どものほうが私に問い返し

てきたり、「Aちゃんは、どこからそう思ったの?」と子ども同士で問い返しはじめるのです。すると、「こういうときは、○○という聞き方をするのですよ」などと教師のほうがあれこれ話型を指導しなくても、子ども同士、自ら発言をつなぎ合わせはじめます。

もちろん、ただ問い返しをし続ければいいわけではありません。問い返しの根底にあるのは、(冒頭でも触れた)子どもに対する教師自身の好奇心です。

「あなたのことを知りたくて仕方がない」

「あなたの発想がおもしろくて仕方がない」

この率直な気持ちが子どもたちに浸透してはじめて効いてくる(教師の所作をまねしはじめる)仕掛けなのです。

結局のところ、大人同士だってそうです。自分に対して興味を抱いてくれる、あるいはおもしろがってくれる人がいれば、自然と心を開くようになるし、その人のことも知りたくなりますよね。こんなシンプルなことなのです。

＊

ここまでが、「子どもとかかわる8つの仕掛け」です。本章で紹介したことは、ある授業が、いい授業になるための苗床になるという位置づけです。次章からは、教材研究の仕掛けに入っていきましょう。

第２章

［教材研究］

教材を開発・吟味する
４つの仕掛け

授業づくりは〝教材が命〟と言われます。社会科では特にそうです。教材研究いかんで授業が大きく変わるからです。そのせいか、「教材研究はむずかしい」「どうやるのがベストなのか判断がつかない」と感じている先生方は少なくないようです。

そもそも、何をすることが教材研究なのでしょうか？

教科書を読み込む、指導書に書かれている授業の流れをつかむ、授業に必要な資料を探す、市販本を活用する、その道のスペシャリストに話を聞きにいく、といったところをイメージされる方が多いと思います。

もちろん、もっと挙げられると思いますが、いずれも間違いではありません。そうであるがゆえに、気をつけなければならないことがあります。それは、教材研究を作業にしてしまうことです。たとえばもし、右にあげた取組を〝とにかくやればいい〟としてしまえば、（研究ではなく）〝やることリスト〟をこなしているだけになってしまうでしょう。

「教材研究は大事なのだから、とにかく教科書を読まなくちゃ、指導書などで授業の流れをつかまなくちゃ…」

こうした教師の心情を批判したいわけではありません。教材研究を作業にしてしまわず、有意義な取組にするために必要なことを知ってほしいのです。それは、次のとらえです。

「教材研究とは、教師自身の問題解決的な学びである」

どの授業においても、教科等の特質に応じて、子どもに気づいてほしいこと、考えてほしいこと、取り組んでほしいこと、身につけてほしいことがあると思います。しかし、言うは易し、そう簡単にはいきません。しかし、なぜ簡単ではない（と感じる）のでしょう。教え方が未熟だからでしょうか？

確かに、教え方（指導技術）の問題もあると思いますが、本質的ではないと思います。20代の若手であっても、できる教師はできるからです。このことをただ、素質、センスの問題だと片づけてしまわないほうがよいと思います。

結論から言います。

子どもに学ばせたいことを自分の学びにできているか、それいかんで実《じつ》のある授業にできるかを分けるのです。

子どもに考えさせたいことを、自分も（教師として）本気で考えているでしょうか？子どもに調べさせたいことを、本気で調べているでしょうか？ 教科書（あるいは指導

書など）に書いてあるから、「考えさせなくっちゃ」「調べさせなくっちゃ」となって
いないでしょうか？

（繰り返しになりますが）教材研究は、教師自身の問題解決的な学びです。教師自らが学びの主体となって問題解決的な学習に取り組んだ研究だから、子どもに対して自信をもって取り組ませることができるのです。そのような意味で、**授業とは、（教材研究を通して）教師自身が学んだことを、子どもたちに追体験させる試みなのだ**と言い換えることができます。

もちろん、大人と子どもという成熟度、教師と子どもという立場の違いがありますから、同じことを同じようにさせることはできません。自分が問題解決した学びを噛み砕いて、子どもの文脈に落とし込むことが必要となるでしょう。これこそが、（第１章で述べた）子ども理解（学級経営）の仕掛けがベースとなって効いてくる指導技術なのだと私は思います。

もう少し、掘り下げていきましょう。社会科を例にします。

教師である自分自身が（単元を構成する）社会的事象に出合い、驚き、不思議に思ったことをよりどころにして、授業に必要な「問い」を獲得できるか。これがすべてです。自分なりの「問い」さえもてれば、教材研究が作業になることはありません。

自分（教師）の知りたいと思うことを学ぶのです。教科書を読むのだって、力の入り方

も段違い。本気になって読むし、考えるし、教科書だけでは「答え」を見つけられないと思ったら、ネットで調べるなり、現地調査に行きたくなるでしょう。

こうした試行錯誤を支えるのは、教師自身の「見方・考え方」です。自分がどのような視点で教材と向き合い思考を深めていくか、それによって、これまでに思いもしなかった事実（新たな社会的事象）に出合うことができます。

その結果、自分なりの「解決」に至れば、思いも寄らない感動に出合えるでしょう。さらに、〝この感動を子どもたちにも味わわせたい〟と思えれば、授業に対する姿勢、授業を構成する要素と密度も変わるはずです。

こうしたプロセスを経ることで、教材のもつ本当の価値や意味を見いだすことができます。そしてこの瞬間、その教材はあなた自身のものになるのです。教材の価値や意味をとらえられれば、授業をどこへ向かわせたいのかブレません。学習活動が停滞する（学習の見通しをもてないまま作業的に授業を進行する）こともなければ、右往左往させる（子どもを振り回す）こともありません。

各地の研究会や研修会でも、次のように話をしています。

新しい学習指導要領では、どの教科等でも子どもの『見方・考え方』が目標に掲げています。子どもにとって学びがいのある問題解決的な学習にするには、この『見方・考え方』を働かせることが欠かせないからです。

みなさんは熱心に教材研究されています。すばらしいことだと思います。

ところで、先生方ご自身は、『見方・考え方』を働かせて教材研究をされていますか？

ぜひ、あなた自身が見方・考え方を働かせ、問題解決的な教材研究にチャレンジしてほしいと思います。

さて、（上記を踏まえたうえで）教材研究の仕掛けを紹介していきましょう。

[仕掛け①] 単元の学習内容をつかむ

教材研究の大前提は、単元の学習内容を大まかにつかむことです。そのためにまずやることは、学習指導要領を読み込むことです（学習指導要領の読み方は、第3章で詳述）。ここでは、社会科を例にします。

まずは、「2　内容」の構造です（詳しくは142頁を参照）。

Aについて、
Eなどに着目して、
Cなどで調べ、
Dなどにまとめて、
Fを捉え、
Gを考え、
表現することを通して、Bを理解すること

この構造を踏まえ、単元の「学習内容」（何を）と「学習過程」（どのように）をざっくりつかみます。

この単元を通して、子どもたちは、
●何について調べるのか？
●どのように調べるのか？
●調べた結果をどのようにまとめるのか？
●単元を通して理解することは何か？

資料1　教科書を読んでみる（見開き2頁で1時間の授業）

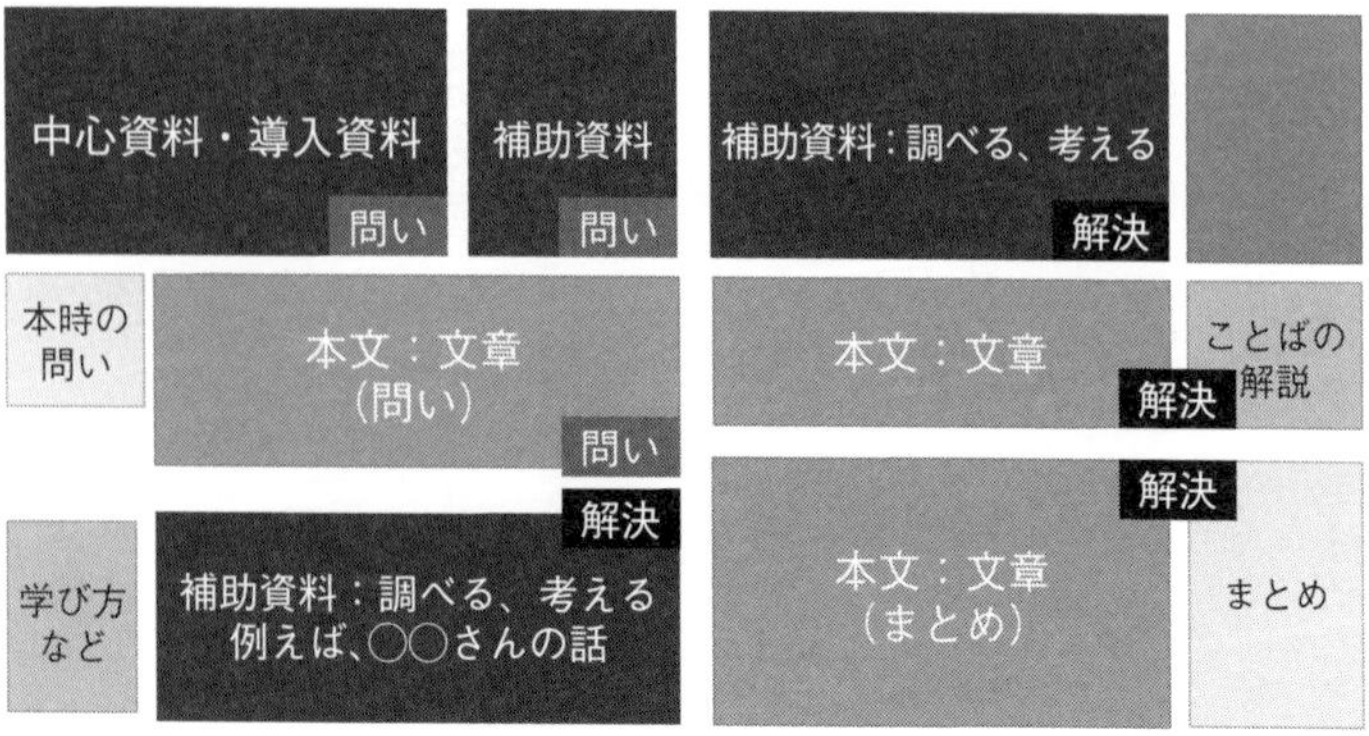

次に、教科書を読み込みます。といっても、この段階では、教科書の内容を熟知するというよりも、教科書の紙面（構造）を読み解きます（**資料1**）。まずは教師自身が問いや見通しをもつことが重要だからです。

着眼点は、次の七つです。

①単元の「学習内容」
②単元の「構成や展開」
③単元の「中心となる問い」
④単元の「主な問い」
⑤単元で「活用する資料」
⑥単元で「効果的な資料」
⑦単元の「学習活動」

［仕掛け②］問題解決的な教材研究

一口に問題解決的な教材研究といっても、その仕方は自分の好みや個性に応じていろいろあっていいと思います。ここでは、過去に私が行った例を紹介します。現役時代の話ですから、よりどころにするのは、平成20年版の学習指導要領であり、「解説社会編」です。

【第5学年】自然災害の防止

［ステップ①］「解説社会編」の該当箇所を読み、単元の学習内容を大まかにつかむ

(1)　我が国の国土の自然などの様子について、次のことを地図や地球儀、資料などを活用して調べ、国土の環境が人々の生活や産業と密接な関連をもっていることを考えるようにする。

エ　国土の保全などのための森林資源の働き及び自然災害の防止

（内容の取扱い）

⑴　内容の⑴については、次のとおり取り扱うものとする。

エ　エについては、我が国の国土保全等の観点から扱うようにし、森林資源の育成や保護に従事している人々の工夫や努力及び環境保全のための国民一人一人の協力の必要性に気付くよう配慮すること。

［ステップ②］教科書を読み、単元の概要をつかむ

ここまでで、教材研究を問題解決にする準備は終了です。次から、具体的な教材づくりのステップに進みます。

［ステップ③］自然災害の防止に関連して、自分が興味をもてそうなニュースを探す（TV、新聞、ネット等のこれまでにストックしておいたスクラップブックなどにも目を通す）

ちょうど、この年は、未曾有の災害である東日本大震災が発生した年でした。TV、新聞等では、盛んにその被害の甚大さ、悲惨さが数多く報道されていました。そのようななかで、希望に満ちたニュース記事を発見しました。それが「釜石の奇跡」です。

ご存知の方も多いと思います。釜石市の中学生が日ごろの訓練を生かし、自主的に避難したことで、自分たちの命のみならず、彼らに倣った小学校児童、教師、地域住

資料２　津波襲来直前の避難の様子

津波から逃げるために、中学生が小学生の手を引き、地域住民も一緒に避難している様子がわかります。

民の命さえも助かったという出来事です。
「なぜ、そのような奇跡が起きた？」
「中学生はどうやって奇跡を起こしたの？」
「でも、なぜ釜石だけ？」

このニュース記事を最初に目にした私は、次々と疑問が湧いてきました。ぜひ「釜石の奇跡」を材料に、単元を組み立てられないものかと考えたのです。

そこで、新聞各紙を買い漁り、記事を集め、TVニュースや特番をチェックしました。

「いったい釜石で何が起きたのか」その概要がわかってくるにつれて、私の疑問は驚きへと変わり、感動すら覚えました。まさに「奇跡」と称するに値する子どもたちの行動だったのです。

資料２は、「釜石の奇跡」の様子です。実際に授業でも活用しました。

津波から逃げるために、中学生が小学生の手を引き、地域住民も一緒に避難している様子がわかります。


［ステップ④］中学生の言葉に驚き、教師として解決すべき「問い」をもつ

あるＴＶニュースで、実際に避難をした中学生がインタビューに答える映像が流れました。彼が口にした言葉を聞いて、私は再び衝撃を受けることになります。

「あれは、奇跡なんかじゃありません」

報道機関は、釜石での出来事を「奇跡」だと伝え、世の中もそういう受け止めです。しかし、当の本人たちは、「奇跡ではない」と言うわけです。「いったいどういうことなんだ」と私の頭のなかが混乱します。この瞬間、私が解決したい、子どもたちに解決させたい「問い」が生まれました。


［ステップ⑤］「釜石の奇跡は、奇跡ではない」この言葉の真意を調べる

次は、私の調べ学習です。次のことに取り組みました。
・新聞記事やインターネットで調べる。
・東日本大震災の関連本を読む。
・特集番組のＤＶＤを視聴して調べる。

しかし、右の調べ活動では、解決の糸口さえ見つけられませんでした。

［ステップ⑥］中学生の言葉の真意をつかみ、無事解決する

決め手は、地元ＴＶ局が制作した特集番組と、釜石市役所の方からうかがった話でした（これらも授業の資料として部分的に活用）。

釜石市は、これまで何度も津波の被害に遭っている地域です。その経験を踏まえ、東日本大震災の前から、津波用のハザードマップの作成・提供、防潮堤の建設、避難訓練に取り組んでいました。

しかし、こうした取組が功を奏したわけではありませんでした。津波に苦しめられてきた地域でありながら、市民の防災意識は殊のほか低かったからです。

この防災意識の低さに対する危機感をもっていた釜石市教育委員会の発案で、市内の小・中学校で「防災教育」を推進しはじめます。講師には群馬大学の先生が就きました。

津波のこわさを学ぶ授業を行い、子どもたち独自にハザードマップをつくりました。有効な避難方法を学び、小・中学校合同で実際に避難訓練を行ったり、登下校時の避難計画もつくりました。そうして生まれたのが、次の「避難の3原則」です。

①想定にとらわれない、②状況下において最善をつくす、③率先避難者になる、この原則を、子どもたちは学習を通じて体にたたき込んだのです。こらの学びが、津波か

ら身を守る自助の精神を涵養し、地域住民を巻き込む形で共助となって現れたのだと言えるでしょう。

だからこそ、インタビューに答えた子にとって、「釜石の奇跡」はちっとも奇跡なんかじゃなかった、日頃の学びに裏づけられた必然だったのです。

［ステップ⑦］教材化を図る

こうした私の問題解決的な学び（教材研究）は完了したので、具体の教材化に取りかかることにしました。

まず、自分が何を感じ、それに対してどう考えたのか（学びのプロセス）を振り返りました。私のたどったプロセスをそのままの形で授業化することはできませんから、子どもたちに「問い」（学習問題）とどのように出合わせるか、どのように追究させるかを考えながら、私の問題解決を子どもたちが追体験できるように指導計画や資料を作成していきました。

ここまでのステップを図にまとめたものが**資料3**です。

＊

これまで、私はさまざまな教材をつくってきましたが、いずれの教材化でも重視してきたことが、自分自身の「問い」を見つけることです。この「問い」をもつこと自体は、けっしてむずかしいことではありません。「なぜ？」「どういうこと？」と疑問や興味をもつ教師としての好奇心さえあれば、どなたでも自分なりの「問い」を見つけられるでしょう。

ただ、明日の授業のための「問い」を今日つくろうとしても、さすがにうまくいきません。なんとかひねり出しても、とってつけたような字面だけの言葉では、子どもたちの「問い」にはならないからです。

やはり日ごろの問題意識が大切だと思

資料３　教師の問題解決（教材研究）

社会的事象に対して疑問をもつ
「なぜだろう？」「不思議？」「何だろう？」

▼

社会的事象について調べる

▼

社会的事象についての疑問を解決する

▼　ここまでは、子供の問題解決的な学習と同じ

教材化する

※教師自身の問題解決を基にして考える。
・指導計画作成
・問い、資料、活動の吟味

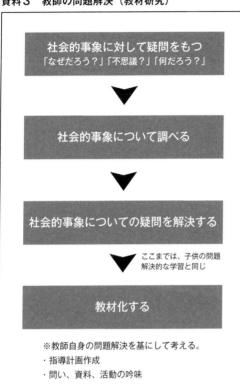

います。

さきほどは、東日本大震災という大きな話題を取り上げましたが、ここでいう問題意識とは、大それた事柄ではありません。「この発想、おもしろいな」「この出来事、なにかの授業で使えるんじゃない？」「子どもたちにも教えてあげたいな」といった思いつきで十分です。

ＴＶニュース、新聞、書籍などでとりあげられた出来事、人々の声、近所を散歩していて気づいたこと、家族や仲間と語り合って気づいたことなど、なんでもかまいません。大切なことは、そうした事象に対して自分が「なぜ？」「おもしろい」「すごい」と感じた感性を形に残しておくことです。

記事ならスクラップすればいいし、自分の思いついたことならメモしておく、スマートフォンを使って自分の話した言葉を録音（記録）しておくのだってよいでしょう。いずれにせよ、少しずつストックしていけばいいのです。

まぁ、私の場合は、もともと世の中のことが気になって仕方がない性分だから、大量の資料をつくってきたのかもしれませんが…。

かつて有田和正先生は、ご著書のなかで次のように言っていました。

詳しく見なくても、ざーっと見て、つまりアンテナを張って引っ掛けておく。

よ～く目を凝らして見渡してみると、世の中は教材で満ちあふれています。たとえ明日の授業にすぐ使えなくても、いつか何かの拍子で使える教材であふれているのです。そのように見る目を私は大切にしています。

次頁の**資料4**は、日常生活を通じて私のアンテナにひっかかった事柄を教材化した実践の一覧です。うまくいったこともあれば、最高に失敗したこともあります。ただ、いずれも私にとって大切な宝物です。なにしろ、どれも私自身が問題解決的な教材研究をおおいに楽しんだ実践なのですから。

さて、ここからは、**資料4**で紹介した実践のなかからいくつかの着眼点を切り口に紹介していきましょう。

1 人の働きに共感する

人々の働きは、あるときは社会を変え、あるときは社会を支えます。この人々の働き（営み）を通して、社会を見、社会そのものを学ぶのが社会科です。そのため、教材研究においても、人々の働きに目を向け、その働きに共感しながら行います。教師が共感しなが

資料4

【第３・４学年】

●小金井阿波踊り

…毎年行われて小金井阿波踊りを見て。

「なぜ、小金井で？」「小金井と徳島関係があるのか？」

「各地で行われている阿波踊りと成り立ちは同じか？」

●カエルキャラバン

…国分寺市作成のポスター、広告を見て。

「カエルキャラバンとは何？」「なぜ国分寺で？」

●銀座のみつばち

…新聞で「銀座ではちみつを…」という記事を読み。

「銀座ではちみつ？」「銀座でみつばちは飼えないのでは？」

【第５学年】

●マグロの蓄養

…食料品売り場のマグロの刺身「養殖」の文字を見て。

「マグロの完全養殖はまだできないはずなのに、どういうこと？」

●釜石の奇跡

…ＴＶで中学生のインタビューを見て。

「釜石の奇跡は、奇跡ではない、とは、どういうこと？」

●三陸の魚がない

…震災後の魚屋を見て、魚屋に話を聞いて。

「三陸魚がない、震災の影響に違いない」

「日本の水産業は、これからどうなるのか？」

●手書きの壁新聞（**[1] で詳述**）

…震災直後のＴＶニュースで見て。

「なぜ、わざわざ手書きで壁新聞を？」

「取材はどうやっているのか？」

【第６学年】

●開かずの踏切

…実体験とＴＶニュースや特番を見て。

「なんとかならないのだろうか？」

「国や都や市は、何か対策を考えているのか？」

●気仙沼の奇跡

…ＴＶニュース、新聞記事、漁協の方の話から。

「気仙沼の奇跡とは、何か？」

「どうして奇跡を起こすことができたのか？」

ら開発した教材は、子どもたちへ力強く訴えていくことになります。

ここでは、「人の働きへの共感」を軸にして教材化した実践を紹介します。

【実践①】第５学年「情報を発信するメディア」

東日本大震災を教材化した実践の一つです。

仙台放送局で地震発生以来、継続して報道・放送に取り組むアナウンサーのＳさんと、自らも被災しながらも「手書き新聞」を活用して情報を発信し続けた石巻日日新聞社の方々の「伝える使命感」を教材化しました。人の働きに共感しながら学習を深めることができるように工夫しています。Ｓさんと新聞社の方々の姿から、情報を発信する側の責任や役割を明確にすることを意図しています。

○仙台放送局　Ｓアナウンサー

地震発生後、第一報を入れ、その後も継続して震災後の報道・放送に取り組む。

地震発生時は「生き残るための放送」、次に「生き延びるための放送」、時間が経過した後は「いつまでも忘れない、ともに復興に向けて歩んでいく放送」といった番組制作を推進。

「宮城の県民の命を守るのが自分たち報道の役割」という信念をもち、求められているニーズを収集し、必要な情報を発信し続けた。

◎石巻日日新聞社

震災発生後、自らも被災し、新聞が発行できない状況のなか、情報がなく孤立している人々の情報を求める声に応え、明日への希望を与えるべく、「伝える使命感」から、紙とペンで壁新聞を発行して、情報の孤立を防ぐ発信を続けた。

私は当時、右の取組にかかわった方々の話を聞くことができ、彼らの思いや願い、責任感や使命感を肌で感じながら、教材化への思いを強くしていきました。

Sさん（仙台放送のベテランアナウンサー）の言葉で、特に印象に残ったのは次の言葉です。

「長く報道の仕事をしてきましたが、報道の役割がやっとわかったような気がします。私たちは宮城県の放送局員です。だから、宮城の人が生きていくために必要な情報を伝え、生活を支えていくのが私たちの役割であり使命だということがわかったのです。どんな情報でもいいから県民の役に立ちたい、そういう強い思い、責任感でこれからもがんばっていきたいのです」

この言葉は、私の心に深く深く焼きつきました。

また、石巻日々新聞の方々からは、次の話を聞きました。

「この石巻では、大勢の方が家を流され、大勢の方が避難所にいる。大勢の方が『何が起きて、自分たちがどういう状況にあるのか』知りたがっている。被害に遭った地域の方々が情報を求めている。『いま伝えなければ、地域の新聞社なんか存在する意味がない』『紙とペンさえあれば、情報を届けられる』こうした思いから『手書きの壁新聞』を発行することに決めたのです」

非常に力強い資料として、これらの言葉を子どもたちに示しました。いずれも、子どもたちに強いインパクトを与えたようでした。

それともうひとつ、子どもたちに強い印象を与えたのが、教材に対する「共感」です。「社会のなかでがんばっている人々の姿を伝えたい」「そうした人々の働きから社会を見つめさせたい」「私と同じ感動をもってもらいたい」こんなふうに教師自身が共感できれば、授業において教材にのめり込む子どもの姿を見ることができるでしょう。

次は、授業後の子どもの振り返りです。人々の姿に（授業者と同じように）共感しながら、社会的事象の意味の理解に迫っている姿が見て取れます。

自分たちが被災したのに、はやく正確な情報を伝え、希望を与えるのが報道の役割だと思い、それをしなければ報道に関わる人間の意味がない、と考えて、その時に必要な情報や人々のニーズにこたえ「手書きの新聞で情報を伝える」「生き残るための放送」「生きのびるための放送」などをして、自分たちの使命を全うしていると思う。

それに、こういうことをするのは、自分のその報道という仕事に大きなほこりをもっているからだと思う。だから、ぼくも、大人になったら、自分の仕事にほこりをもち、その仕事の役割を全うできるような人になりたいと、この学習を通して思うことができた。

この報道を被災地の方はずっと忘れないと思う。なぜなら、この報道で勇気や安心、希望を得ることができたと思うからだ。

2　できるだけシンプルに考える

教材研究では、気をつけなければならないことがいくつかあります。その一つが、のめり込みすぎること。実は、かつての私がそうでした。細部にこだわりすぎて、単元全体を通して子どもたちに何を学ばせたいのかがあいまいになったり、自分が研究したことを全部伝えたくなって時間が足りなくなったり、学び手である子どもをおいてけぼりにしてしまったり…何度失敗したことか…。

（言うまでもなく）子どもはお客さんではありません。授業は、教師の教材研究発表の場ではないのです。（私が経験してきたような失敗を犯さないためには）単元計画に学習内容を詰め込みすぎたり、必要以上に複雑にしたりしないことです。

第一に考えるべきは、次の事柄です。

教材を通じて

- 子どもたちに何を学ばせたいのか。
- 子どもたちは何を理解できればいいのか。
- 子どもたちにはどんな姿になってほしいのか。

このように、「問い」と「解」を明確に、シンプルに描けているかが重要なのです。

そこで、ここでは、この「問い」と「解」をシンプルに構成した実践を紹介します。

【実践②】第４学年「災害からくらしを守る」

この単元で扱った「イザ・カエルキャラバン」という教材は、国分寺市が取り組んでいた施策です。学ぶ要素をざっと挙げると次のとおりです。

●阪神淡路大震災をきっかけにはじまった防災キャラバンであること。
●全国各地、世界でも行われている防災キャラバンであること。
●いらなくなったおもちゃを交換できるイベントであること。
●さまざまな防災体験が遊びながらできること。
●防災体験でポイントを集められること。
●ポイントを集めたら好きなおもちゃと交換できること。
●国分寺市が施政50周年行事の一環として開いた防災フェスタであること。
●住民が防災の知識を身につけたり、防災意識を高めたりするイベントであること。

これらをすべて異なる要素として単元に組み込めば、間違いなく授業がパンク（破綻）するでしょう。そこで、私は次の「問い」と「解」に絞り込むことにしました。

【問い】国分寺市は、なぜ、イザ・カエルキャラバンを行っているのか。

【解】若い住民（親と子）の防災意識を高めるため。

このような設定を事前に行ったうえで授業を展開するのであれば、子どもをお客さんにしてしまったり、授業を迷走させる危険性をぐっと抑えることができるでしょう。要するに、授業者がいつでも立ち返られる「問い」と「解」を明確にしたシンプルな授業設計を行えばよいということです。ちなみに、この実践は、違う切り口から第4章でも取り上げます。

[仕掛け③] 社会科だからこそできることを考える

人口減少、少子高齢化、国土の防災、情報化の進展など、現代的な課題や世の中で起きている社会の事象を真正面から学習できるのが社会科です。いまであれば、コロナ感染の拡大を抑える政治の働き、グローバル化に伴う感染拡大や国同士の連携など世界的な取組、実際に直面している自分たちにできること、などを学習指導要領に即して扱い方を検討することでしょう。

このような教科特性をしっかり押さえることが大切です。すなわち、「社会科だからできること」という観点から授業づくりを考えるということです。これは他教科等においても同様です。

社会科においては、特に「現代的な諸課題を踏まえる観点」「持続可能な社会づくりの観点」から学習指導要領の改訂が行われました。双方の観点とも教材化がむずかしい課題です。しかし、（「はじめに」で紹介した）授業づくりの三つのバランスを考えながら、新しい授業づくりにチャレンジしてほしいと思います。

そこで、ここでは「釜石の奇跡」とは別の東日本大震災を扱った教材化の視点を紹介します。

1　東日本大震災の教材化の視点

東日本大震災は、東日本のみならず、国難といってもいい未曾有の大災害です。本校（当時）の子どもたちも、地震を経験し、帰宅困難、交通網の混乱、計画停電、臨時休校を経験しました。まさに「他人事」ではない出来事でした。こうしたことからも、東日本大震災は、これからの防災・減災を考えるだけでなく、現代社会の課題そのものを考えるうえで一人一人が学ぶ価値がある事象であることがわかります。

私は、教材化の視点として次の４点を設定しました。

【視点１】東日本大震災の被害の様子（人・もの）「何が起きたのか」
【視点２】東日本大震災による影響「それにより、何が起きるのか」

資料5

	単　元	被害の様子と影響	人の働き
4年	飲料水・電気・ガス	ライフラインの崩壊・計画停電・エネルギー確保の問題→節電等自分たちの生活への影響大	電力会社
4年	災害及び事故の防止	共助（・自助）による避難・災害防止の取組の見直し→防災の見直し・取組の改善・かかわりの構築	南三陸町中学生 早稲田商店会
5年	食料生産：農業	日本の米どころ大被害・米作りへの影響→自分たちの生活への影響大	JA 宮城 米作り農家
5年	食料生産：水産業	世界三大漁場・水産業の中心地壊滅→自分たちの生活への影響大	JF 宮城 漁師
5年	工業生産	ものづくりの拠点壊滅→生産・輸出に影響大 例：自動車生産ストップ	宮城トヨタ自動車 関連工場
5年	情報 マスメディアの働き 情報ネットワーク	報道の役割の明確化（地元放送局・新聞社のはたらき） 情報ネットワークが支える生活・命	仙台放送局 石巻日日新聞社
5年	国土 自然災害の防止	東日本大震災から学ぶ公助・共助・自助（連携・協力） 国民一人一人の防災意識を高める必要性	釜石市役所 中学生
6年	「わたしたちのくらしと政治」	未曾有の大惨事＝国難からの復旧・復興 →国民の願い（被災者・自分たち）の実現 地域の復旧・復興、再建	気仙沼漁協 気仙沼市役所 気仙沼で被災した方々

［視点3］震災にも負けず、立ち上がる人々の姿・思い「絶望ではなく、希望　人の強さ」

［視点4］自分に何ができるのか「自分自身のかかわり」

次に、学習指導要領にもとづいて東日本大震災をどのように扱えるのかをまとめました（資料5）。

2　実践の概要

このような手順を踏んで教材化し、四つの実践を試みました。以下、実践の概要を紹介します。

［実践①］第5学年「水産業のさかんな地域」

〈ねらい〉

東京の魚屋（2011年６月）「魚屋に三陸の魚がない」

- 我が国の水産業の様子について、地図や資料などを活用して調べる。
- 水産業の盛んな地域の分布や特色、水産業に従事している人々の工夫や努力、生産地と消費地を結ぶ運輸などの働きがわかる。
- 水産業は国民の食料を確保する重要な役割を果たしていることや自然環境と深いかかわりをもって営まれていることを考えるようにする。

〈実践の概要〉

まず、現在の我が国の水産業の現状をとらえさせ、そのうえで、これからの水産業について考える時間を設定しました。ここでは、東日本大震災による漁業の現状と震災後の復興に動き出した方々の思いなどをもとに、水産業の未来について考えるようにしました。

本時では、東日本大震災の影響によって、岩手・宮城・福島などの水産物が流通していない現状を踏まえ、震災被害の大きさや日本の水産業に与える影響の大きさについて調べ、復興のための公助・共助・自助の取組やこれからの水産業の在り方について考えていきました。また、困難に負けず、復興に向けて動き出した人々の思いや願いにも気づけるように工夫しました。

【実践②】第5学年「情報を発信するメディア」

〈ねらい〉

●放送（新聞）などのマスメディア（情報産業）と国民生活とのかかわりについて、資料やインターネットを活用したり関係者から聞き取ったりして調べる。

●マスメディアの働きや、マスメディアが発信した情報が、国民生活に大きな影響を及ぼしていることがわかる。

●情報産業の発展に関心をもつとともに、情報の有効活用が大切であることを考えようとする。

〈実践の概要〉

石巻日日新聞の６枚の壁新聞「どうして手書きの壁新聞を出したのだろう」

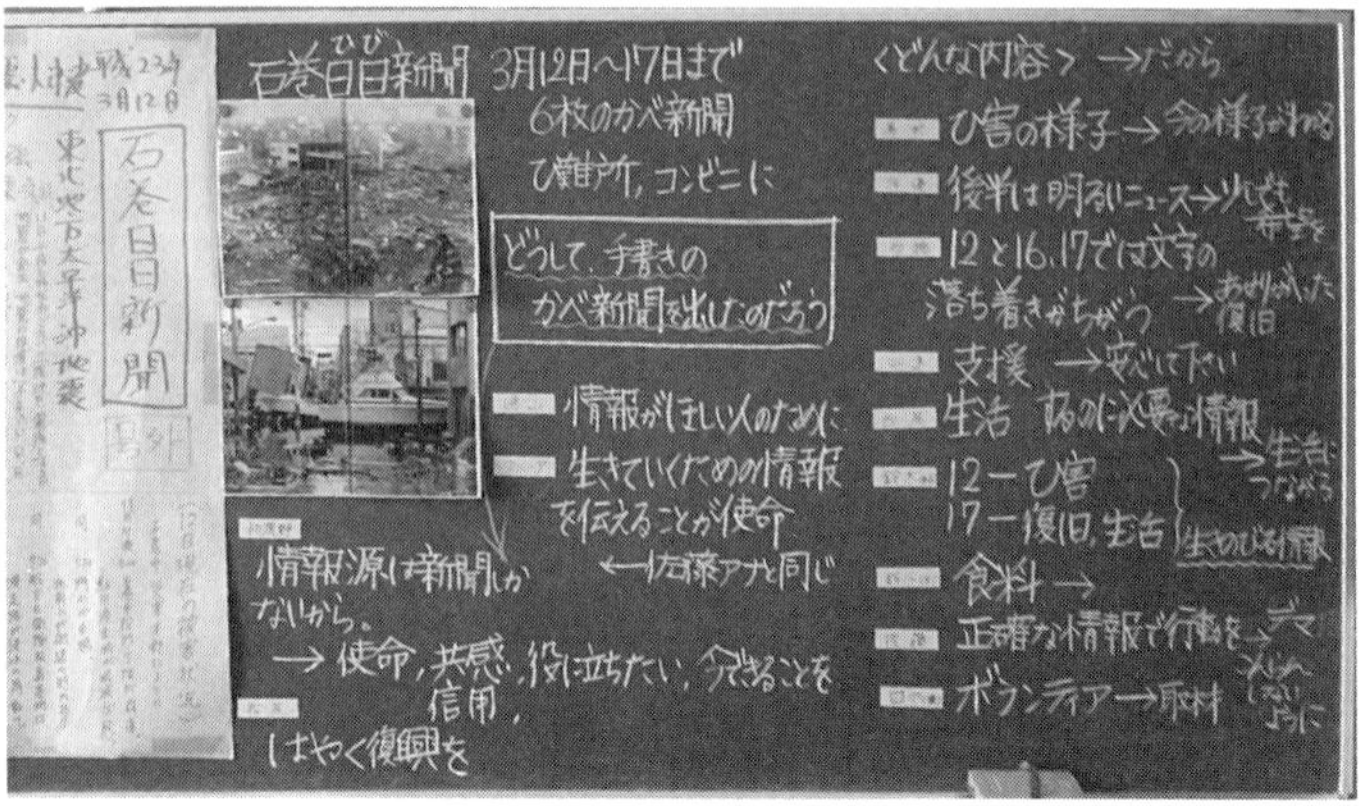

東日本大震災によって、東京に住む子どもたちも、帰宅困難、学校の臨時休校、交通網の混乱、計画停電などを経験しています。そのため、子どもたちも次のように感じ取っていました。

「何が起こったのかわからなくて怖かった」

「携帯電話がつながらず、家族が大丈夫なのか心配した」

「震源地や震度、被害状況など正確な情報が知りたい」

こうした声からもわかるように、東日本大震災は他人ごとではない出来事であり、子どもたち一人一人が情報の重要性を身をもって体験しています。

そこで、これらの経験をもとに、情報の重要性を学ぶとともに、地元放送局が被災地で果たした報道の責任と役割について考えていきました。

また、放送局の学習でも働かせた見方・考え方を

公助・共助・自助「それぞれの取組を調べて整理してみよう」

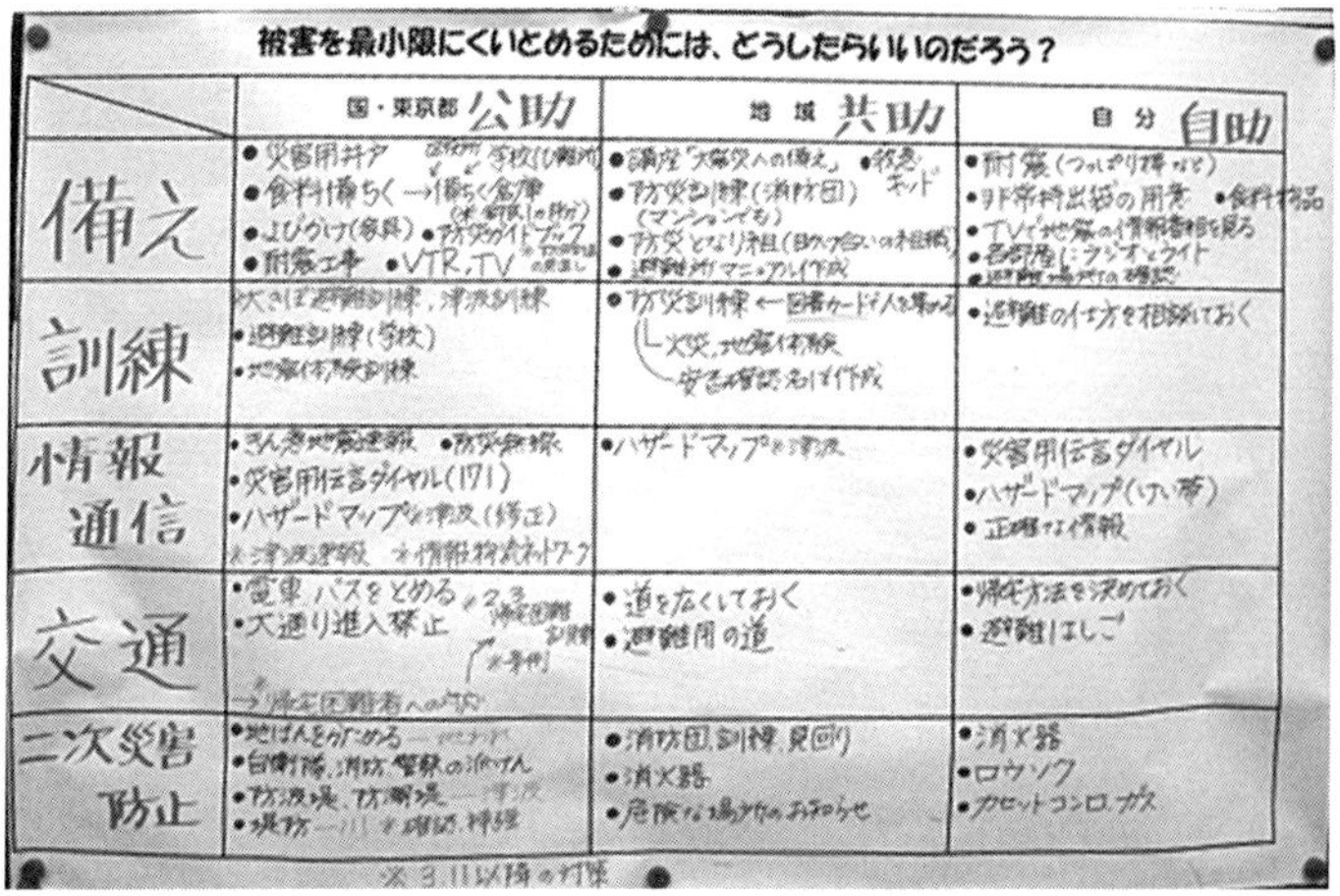

もとに、新聞社の取組の社会的な意味についても考えました。これらの学習を通じて、情報を発信する側に求められる役割や責任、情報を受け取る側の正しい判断の必要性などに対する理解を深めることができました。

【実践③】第5学年「自然災害の防止」

〈ねらい〉

●日本の地震の発生状況と防災・減災への国や地方自治体の取組、地域の人々の取組について調べる。

●自然災害が起こりやすい我が国において、国民一人一人が防災の意識を高めていく必要があることを考えるようにする。

〈実践の概要〉

東日本大震災の被害の大きさを理解したうえ

三陸新報の記事（復興の狼煙が上がる）「気仙沼の軌跡とは、なんだろう」

で、災害を防ぐための取組や震災後の防災・減災に対する取組にはどのようなものがあるかを具体的に調べました。また、国土にくらす一人として自分がどのように行動すべきかについて考えました。

特に（「仕掛け②」で紹介した）「釜石の奇跡」は、本当は奇跡などではなく、日頃の訓練やさまざまな事前の策を講じるなど、人々の思いや工夫によって実現したものであることをとらえることで、公助・共助・自助の意味理解を深めるとともに、これからの自分たちの取組について考えました。

【実践④】第6学年「わたしたちの生活と政治～震災からの復旧・復興～」

〈ねらい〉

●市や県、国による災害復旧・復興などの取組は、国民の願いを実現する地方公共団体や国の政治の働きによるものであることを調べる。
●政治は国民生活の安定を図るために大切な働きをしていることを理解する。
●国民の一人として主体的にかかわっていこうとする意識を高める。

〈実践の概要〉

震災から復旧・復興するためにはどのような取組が必要か、初期対応、国・県・市の連携、法律、予算等の切り口から整理し、関係図や年表にまとめました。そのうえで、「気仙沼の15年連続生鮮鰹日本一」を事例として取り上げ、人々の願いを実現する政治の働きについて考えました。

[仕掛け④] 指導計画を作成する

教材研究を進め、教材化までたどりついたら、次は指導計画の作成です。

指導計画は仕掛けを仕込む宝庫です。授業づくりの仕掛けの最終形だといってよいもので、単元を通してどのような仕掛けを授業のどの場面で仕組むかを考えます。具体的には、次の授業デザインの視点を、意図的・計画的に落とし込みます。

●単元の特徴を踏まえ、どのような視点や思考（見方・考え方）を働かせることが大切かを考える。
●教材の開発・吟味、分析を行い、問いや資料、学習活動などに潜ませるように計画する。
●子どもが見方・考え方を自ら働かせて社会的事象の意味を考えていけるようにする。

ここでは、意図的・計画的な仕掛けについて考えていきましょう。

1　学びの入り口と出口を設定し、大まかに単元をデザインする

社会科授業で大切にすべきは、問題解決的な学習を通して、目標を実現することです。そのため、まず行うことは単元目標の設定です。これが学びの入り口になります。目標は、学習指導要領の内容をよりどころとしながらも授業者が決めることです。ですから、絶対にこう設定しなければならないというルールがあるわけではありません。ただ、念頭に起きたいことがあります。それは、総括的に示すということです。

具体的には、以下が含まれていればよいと考えればよいでしょう。

- 何について学ばせたいのか（内容）。
- どのような見方・考え方を働かせたいのか。
- 何について、どのように調べるのか（方法）。
- 調べたことに対して、何を考えさせたいのか。
- 単元の最終段階でどのような理解にたどりつかせたいのか。

次に、単元を通して子どもたちの学びがどのように深化・変容することを目指すのかを設定します。これが、単元の評価規準であり、学びの出口になります。大切なことは、子どもたちの姿を分析的に示すということです。

このように、学びの入口と出口を設定し、教師の意図のもとに中身を詰めていくことが指導計画の作成だといってよいでしょう。

学びの入口である単元の目標と、学びを見取る出口である単元の評価規準を設定することで、単元を通して大まかな授業デザインをすることになります。この単元の目標と評価規準をセットで考えることが、指導計画作成上の大切な仕掛けとなります（資料6）。

資料6　学びの入口と出口

学びをつくる入口＝学習指導要領とは？

授業をするため、単元の指導計画をつくるため、まず、行うことは…

学習指導要領の単元の内容を読む
○身につける資質・能力は何か
○学習内容は何か

学習指導要領をもとに、単元の目標を設定する
単元目標をもとに、単元の評価規準を設定する

授業をするため、単元の指導計画をつくるため、次に、行うことは…

学習指導要領解説を参考にして
○単元を通して…
○学習過程を意識して…
→育てたい子どもの具体像を描く

学びを見取る出口＝学習状況の評価とは？

学びをつくる入り口

この内容の学習を通して育てたい資質・能力を総括的にする

1　単元の目標

Ａについて、Ｅなどに着目して、Ｃなどで調べ、Ｄなどにまとめて、Ｆを捉え、Ｇを考え、 表現することを通して、Ｂを理解する。

学びを見取る出口

学習過程に沿って
分析的に描く

2　単元の評価規準

観点①　知識・技能
○○○○○○○○○○○○○○○○○
○○○○○○○○○○○○○○○○○
観点②　思考・判断・表現
○○○○○○○○○○○○○○○○○
○○○○○○○○○○○○○○○○○
観点③　主体的に学習に取り組む態度
○○○○○○○○○○○○○○○○○
○○○○○○○○○○○○○○○○○

指導と評価の計画の作成へ
＝単元設計
単元を通した授業デザイン

2 学習問題を設定する

社会科の指導計画の核となるのは、学習問題です。これがなければ（とってつけたようなものであれば、あるいは子どもにとって学びがいのあるものでなければ）、どんなにがんばっても授業が問題解決的になりません。なぜなら、学習問題は、問題解決的な学習を支える背骨だからです。

つまり、8時間なら8時間、10時間なら10時間もの問題解決的な学習過程を決定づけることになります。

学習問題というと、「指導書に書いてあるものを設定すればいいんじゃないの？」と思われる方もいるかもしれません。しかし、ここは立ち止まってよく吟味する必要があります。なぜなら、学習問題の「問い方」ひとつとっても、その後の問題解決的な学習過程を大きく左右するからです。授業の展開をどのように仕掛けていくか、それは学習問題の設定の仕方が重要な役割を果たすのです。

たとえば、第4学年内容(3)「自然災害から人々を守る活動」において、次の二つの学習問題があったとします。

A先生の設定した学習問題「自然災害から暮らしを守るために、だれがどのようなことをしているのだろう」
B先生の設定した学習問題「自然災害から暮らしを守るために、どのようなことをしているのだろう」

この二つの学習問題のもとに授業を展開した場合、どのような違いがでてくるでしょう。

A先生の授業であれば、調べ学習を通じて「市役所が防災マップを配っている」「地域で防災訓練をしている」「家族で避難場所を決めている」「市は防災メールを出して、私たちが携帯電話で受け取っている」「学校は、避難訓練をしている」など、だれによる取組なのかが浮き彫りになります。

それに対して、B先生の授業であれば、「どのような」は出てきますが、個々の取組の関係性は明らかになりません。もしこの単元で理解させたいことが、公助・共助・自助であれば、学習問題の解決が、単元目標の実現に向かわないことになります。このように、「だれが」など問い方ひとつで、子どもの学びが大きく変わるのです。

ここでは、単純化した例を挙げましたが、学習問題の吟味とは、授業をどう展開させるのかを決める重要な仕掛けだといってよいでしょう。

料金受取人払郵便

本郷局
承認

3601

差出有効期間
2022年２月
28日まで

郵便はがき

1 1 3 8 7 9 0

東京都文京区本駒込5丁目
16番7号

東洋館出版社
営業部 読者カード係 行

ご芳名	
メール アドレス	@ ※弊社よりお得な新刊情報をお送りします。案内不要、既にメールアドレス登録済の方は右記にチェックして下さい。□
年齢	①10代 ②20代 ③30代 ④40代 ⑤50代 ⑥60代 ⑦70代～
性別	男 · 女
勤務先	①幼稚園・保育所 ②小学校 ③中学校 ④高校 ⑤大学 ⑥教育委員会 ⑦その他（　　　）
役職	①教諭 ②主任・主幹教諭 ③教頭・副校長 ④校長 ⑤指導主事 ⑥学生 ⑦大学職員 ⑧その他（　　　）
お買い求め書店	

■ご記入いただいた個人情報は、当社の出版・企画の参考及び新刊等のご案内のために活用させていただくものです。第三者には一切開示いたしません。

Q　ご購入いただいた書名をご記入ください

（書名）

Q　本書をご購入いただいた決め手は何ですか（1つ選択）

①勉強になる　②仕事に使える　③気楽に読める　④新聞・雑誌等の紹介
⑤価格が安い　⑥知人からの薦め　⑦内容が面白そう　⑧その他（　　　　　）

Q　本書へのご感想をお聞かせください（数字に○をつけてください）

4：たいへん良い　3：良い　2：あまり良くない　1：悪い

本書全体の印象	4—3—2—1	内容の程度/レベル	4—3—2—1
本書の内容の質	4—3—2—1	仕事への実用度	4—3—2—1
内容のわかりやすさ	4—3—2—1	本書の使い勝手	4—3—2—1
文章の読みやすさ	4—3—2—1	本書の装丁	4—3—2—1

Q　本書へのご意見・ご感想を具体的にご記入ください。

Q　電子書籍の教育書を購入したことがありますか?

Q　業務でスマートフォンを使用しますか?

Q　弊社へのご意見ご要望をご記入ください。

ご協力ありがとうございました。頂きましたご意見・ご感想などをSNS、広告、宣伝等に使用させて頂く事がありますが、その場合は必ず匿名とし、お名前等個人情報を公開いたしません。ご了承下さい。

資料7

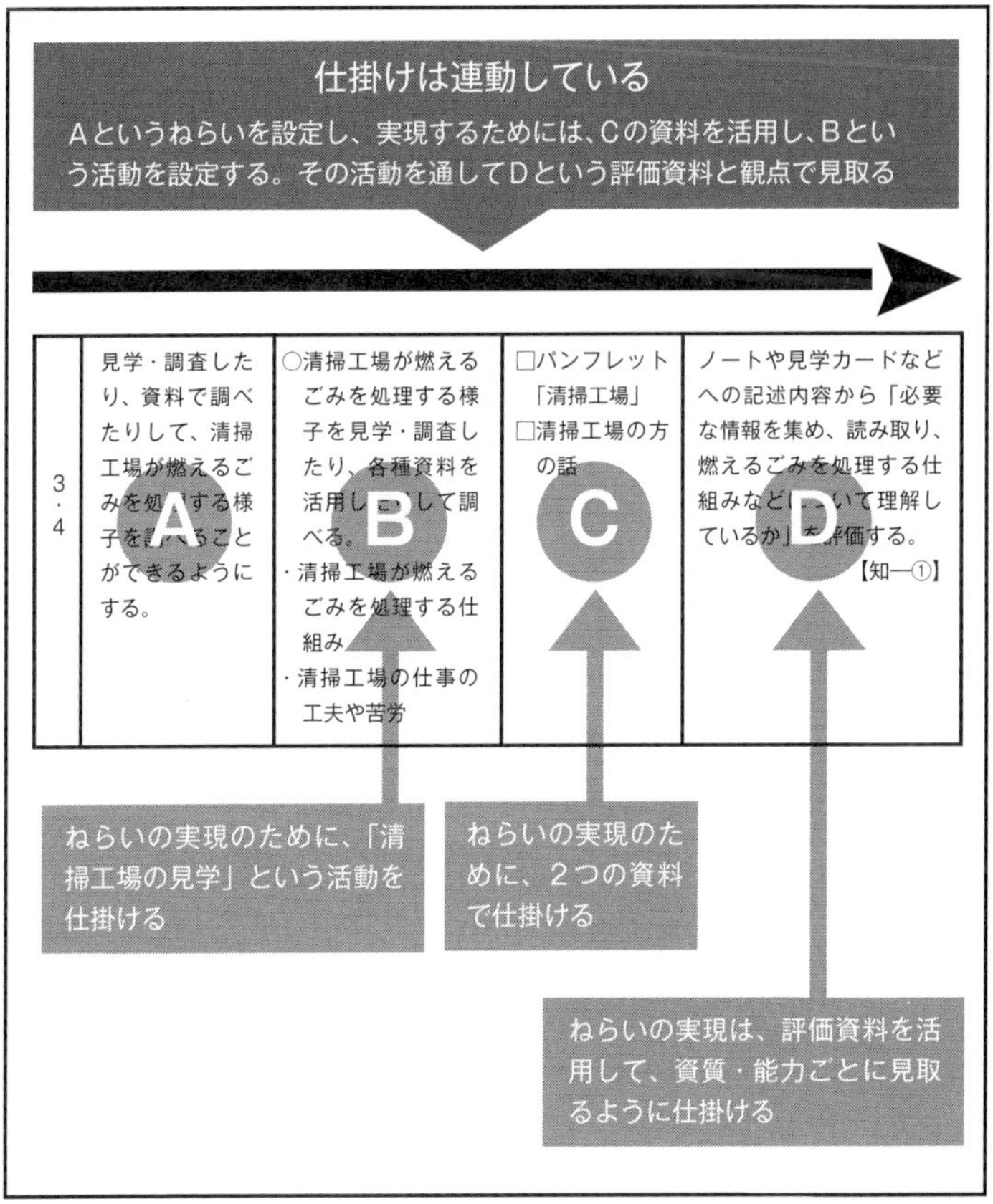

| 3・4 | 見学・調査したり、資料で調べたりして、清掃工場が燃えるごみを処理する様子をとらえることができるようにする。 **A** | ○清掃工場が燃えるごみを処理する様子を見学・調査したり、各種資料を活用して調べる。
・清掃工場が燃えるごみを処理する仕組み
・清掃工場の仕事の工夫や苦労 **B** | □パンフレット「清掃工場」
□清掃工場の方の話 **C** | ノートや見学カードなどへの記述内容から「必要な情報を集め、読み取り、燃えるごみを処理する仕組みなどについて理解しているか」を評価する。
【知―①】 **D** |

ねらいの実現のために、2つの資料で仕掛ける
ねらいの実現は、評価資料を活用して、資質・能力ごとに見取るように仕掛ける

3　指導計画の仕掛けは縦糸と横糸で仕組む

Aというねらいを設定し、実現するためには、Cの資料を活用し、Bという活動を設定する。その活動を通してDという評価資料と観点で見取る

指導計画の仕掛けは、単発で仕組まれているものではありません。ねらいにもとづき、一つ一つの仕掛けがそれぞれ連動するように仕組みます。そのための縦糸

と横糸です。ここでいう縦糸とは単元全体、横糸は1時間（45分）の授業を指します。

まず、横糸から見ていきましょう。

資料7で示した3・4時間目の左から右に向かっていくベクトルが、1時間の授業を成立させるための横糸の仕掛けです。仕掛けの軸に「清掃工場の見学」（活動）を置き、それと連動する形で資料や問い、評価資料といった仕掛けを配置していきます。本当にその活動でいいのか、資料は適切か、問いは適切かを考えながら横糸で通した仕掛けが連動しているかを吟味するわけです。

次は単元全体を通す縦糸です。

これは1時間、1時間の個々の授業が連動させることで問題解決的な学習にするための仕掛けです。「前時があるから本時がある」「本時から次時につなげる」このように、いかにして1時間の授業をつなげていくかが縦糸の肝です。

このことは、1時間の授業をすべて問題解決的な学習にするわけではないということも意味します。学習問題を見いだし、調べたり考えたり話し合ったりして解決していく活動の連関が、問題解決的な学習過程だということです。つまり、単元全体が問題解決的な学習となる縦糸の仕掛けになっていればよいということです。

資料8は、学習問題を受けて学習計画が立てられ、学習計画を受けて「清掃工場の見学」

資料8

	ごみの処理にたずさわる人々は、たくさんのごみをどのようにして処理しているのでしょうか。	
学習問題の解決に向けて予想や学習計画を立てることができるようにする。	○学習問題の解決に向けて予想や学習計画を立てる。 ・学習問題解決に向けた予想 ・学習計画の立案 清掃工場の見学 リサイクルセンター調べ	□学習計画表
見学・調査したり資料で調べたりして、清掃工場が燃えるごみを処理する様子を調べることができるようにする。	○清掃工場が燃えるごみを処理する様子を見学 ・調査したり各種資料を活用したりして調べる。 ・清掃工場が燃えるごみを処理する仕組み ・清掃工場の仕事の工夫や苦労	□パンフレット「清掃工場」 □清掃工場の方の話
資料を活用し、リサイクルセンターが燃えないごみや資源ごみ、粗大ごみを調べることができるようにする。	○リサイクルセンターが燃えないごみや資源ごみ、粗大ごみを再利用する様子を各種資料で調べる。 ・燃えないごみ、資源ごみ、粗大ごみを再利用する仕組み ・リサイクルセンターの仕事の工夫や苦労	□パンフレット「リサイクルセンター」 □図「リサイクルの仕組み」 □文章資料「リサイクルセンターの方の話」

という活動と「文章資料によるリサイクルセンター調べ」という活動が設定されるという構造です。

また、指導計画には**資料9**の仕掛けもあります。これは、問題解決的な学習過程の充実をねらった仕掛けです。

このように、指導計画は教師の意図的な仕掛けによって構成しますが、気をつけなければいけないこともあります。それは、仕掛けすぎないということです。

指導計画が重要であるには違いありませんが、あくまで

資料９

まとめた上で、ここにこの教材を設定し、公助の役割と共助・自助の重要性に子供たちが気付けるように仕掛けている。さらに、自助の重要性に気付いた上で、最後の時間に防災会議という仕掛けをし、自分たちにできることを切実感をもって考えられるようにしている。

仕掛け②が生きている（教材研究）

○区や市、地域、自分の防災のための様々な取組 ⑦	■災害から命やくらしを守るためのはたらきについて、関係図にまとめる。 ○学習問題をふり返り、災害から命やくらしを守るために、だれが、どんなことをしているのか、話し合い、整理する。 ○公助・共助・自助を線で結び、関係を考え、自分なりの考えを図と言葉でまとめる。	◇公助・共助・自助を線で結び、関係性や重要性を図と言葉でまとめさせる。 □学習記録の掲示
○国分寺の防災フェスタ「イザ！カエルキャラバン」 ⑧	■国分寺の防災フェスタ「イザ！カエルキャラバン」の取組の意味について考える ○楽しく学ぶ防災という取組を国分寺市が行った意味をこれまでの学習を生かして、考える。 ○「イザ！カエルキャラバン」のねらい、「おもちゃをカエル」「意識をカエル」「地域をカエル」について考える。 ○福井さんの話や「救出者の内訳」資料から、共助・自助の重要性について考える。 ○自分の地域に目を向けて考える。	◇国分寺市の取組のお話や阪神淡路大震災の「救出者の内訳」のグラフから、地域での助け合い、一人一人の防災意識の高まりの重要性について考えさせる。 □「イザ！カエルキャラバン」のポスター □「イザ！カエルキャラバン」カード □「イザ！カエルキャラバン」写真 □国分寺市役所の方 □阪神淡路大震災「救出者内訳」グラフ
○防災会議を開き、地震災害の被害から身を守るためにわたしたちにできることを話し合う。 ・公助、共助、自助の役割 ・公助、共助、自助の連携・協力 ・公助の限界と共助・自助の重要性 ⑨	■これまでの学習をもとに、被害を最小限におさえるためには、みんなでともに命を守ることが大切であり、そのためには一人一人の防災意識の高まりが必要であることを考える。 ○わたしたちにできることについて考え、話し合う。 ○被害を最小限におさえるためには、一人一人の防災意識の高まりと地域での人と人との関係づくりが大切であることを考える。 ○公助の役割、共助・自助の重要性について考える。	◇公助・共助・自助のかかわりなどをふまえて、自分なりに大切だと思うことをまとめさせる。 □関係図

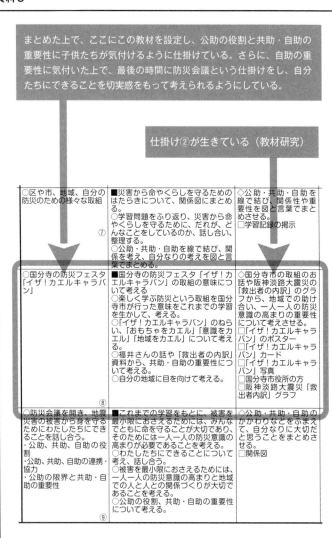

も計画です。そのとおりに（教師の意図どおりに）進めば、いい授業になるとは限りません。むしろ、その点に授業のむずかしさとおもしろさがあります。計画どおりに進まず、紆余曲折したことがかえって、子どもに大きな学びを与えられることもあるからです。

＊

ここまで、教材化と指導計画作成を通じて、子どもたちが学びに向かうさまざまな仕掛けを考え、いかにいい準備を行えばよいかについて紹介してきました。実は、本章で論じた教材研究が、教師の問題解決的な学びとなるためには、その前提として知っておかなければならないことがあります。それは、学習指導要領の読み方です。そこで、第3章では、「学習内容をつかむ4つの仕掛け」を紹介します。

第３章

［学習指導要領］

学習内容をつかむ４つの仕掛け

学習内容をつかめなければ、授業をどう展開すればよいかわからないわけですが、どうやったらつかむことができるのでしょうか？

そんなにむずかしい話ではありません。文部科学省の『学習指導要領解説』（以下、「解説」）にすべて書いてあるので、読めばいいだけです。ただ問題は、読んでも内容がなかなか頭に入ってこない点にあります。

「学習指導要領」には、読み方があります。それさえ知っていれば、自力で学習内容をつかむことができるようになります。このことをご存じない方は意外と多いのです。

実を言うと、（ある時期までは）私もそうでした。そんな私は、何度も何度も繰り返し読み込み、書かれている言葉を頭のなかに焼きつけようとしていました。けれど、どうにもうまくいきません。

一応、何が書かれているかは理解できます。しかし、書かれていることと授業の具体が、頭のなかで一致しません。むしろ、かけ離れているくらいに感じてしまう。「〇〇の学習内容は、何について調べ、何について考えればよいのか」がわからなければ、どんな授業をすればいいのかをイメージすることはできないのですから。

そんなときのことでした。（私の師である）廣嶋憲一郎先生が「学習指導要領」の読み方（というか「仕組み」）を教えてくれました。その規則性に則って読んでみたら、（それまでの悪戦苦闘がウソのように）実際の授業との結びつきをイメージできるようになりました。一度わかってしまえば、「なんだ、そんなことか…」という話だったりします。

そこで、本章では、小学校社会科の「学習指導要領」の読み方（仕組み）を紹介したいと思います。

【仕掛け①】学習指導要領改訂のポイントをつかむ

まずは、学習指導要領改訂の六つのポイントを読み取ります。

【ポイント①】目標の改善
【ポイント②】社会的事象の見方・考え方の整理
【ポイント③】内容の整理・改善
【ポイント④】内容の充実
【ポイント⑤】新たな事項を「内容の取扱い」に規定
【ポイント⑥】指導方法の見直し、改善

この六つのポイントは、**資料1**のように整理することができます。

次に『小学校学習指導要領（平成29年告示）解説　社会編（平成29年7月）』（以下、「解説社会」）を参考にしながら、六つの改訂のポイントを読み取っていきます。

1　目標を読むと、小学校社会科の学習がわかる

社会的な見方・考え方を働かせ、課題を追究したり解決したりする活動を通して、グローバル化する国際社会に主体的に生きる平和で民主的な国家及び社会の形成者に必要な公民としての資質・能力の基礎を次のとおり育成することを目指す。

(1)　地域や我が国の国土の地理的環境、現代社会の仕組みや働き、地域や我が国の歴史や伝統と文化を通して社会生活について理解するとともに、様々な資料や調査活動を通して情報を適切に調べまとめる技能を身に付けるようにする。

(2)　社会的事象の特色や相互の関連、意味を多角的に考えたり、社会に見られる課題を把握して、その解決に向けて社会への関わり方を選択・判断したりする力、考えたことや選択・判断したことを適切に表現する力を養う。

(3)　社会的事象について、よりよい社会を考え主体的に問題解決しようとする態度を養うとともに、多角的な思考や理解を通して、地域社会に対する誇りと愛情、地域社会の一

資料1 社会科における資質・能力を育成する授業とは？

社会科の学習とは？ (1) 目標の改善

社会的事象の見方・考え方を働かせ、問題解決的な学習を通して

見方・考え方とは？ (2) 社会的事象の見方・考え方の整理

位置や空間の広がり　時期や時間の経過　事象や人々の相互関係に着目して社会的事象を捉え、比較・分類したり、総合したり、地域の人々や国民生活と関連付けたりすること

「社会的な見方・考え方を働かせる」とは？

「視点や方法」を用いて課題を追究したり解決したりする学び方

学習内容は？その① (3) 内容の整理・改善

○中学校への接続・発展を視野に入れて

①地理的環境と人々の生活

②歴史と人々の生活

③現代社会の仕組みや働き方と人々の生活

学習内容は？その② (4) 内容の充実を図る

・政治の仕組みや働き　・世界の国々との関わり

・国土や防災安全　・人口減少や地域の活性化

・情報化（産業）　・産業技術の向上

学習内容は？その③ (5) 新たな事項を内容の取扱いに規定

①カリキュラム・マネジメントのガイド

②地図帳を扱う場面の明示

③「社会への関わり方を選択・判断する」と「多角的に考える」内容の明示

どのような学習か？ (6) 指導方法の見直し、改善

問題解決的な学習過程の充実（主体的・対話的で深い学びの視点からの授業改善）

員としての自覚、我が国の国土と歴史に対する愛情、我が国の将来を担う国民としての自覚、世界の国々の人々と共に生きていくことの大切さについての自覚などを養う。

（傍線は筆者）

目標の柱書きに示されている「社会的な見方・考え方を働かせ」の文言は、各教科等の見方・考え方を示しています。

「社会的な見方・考え方」とは、小学校社会科、中学校社会科の各分野の特質に応じた見方・考え方の総称であり、小学校における各学年の目標では「社会的事象の見方・考え方」としています。

また、「課題を追究したり解決したりする活動を通して」とは、教科の特質に応じた学習活動を示しており、小学校社会科においては、「問題解決的な学習活動を通して」と言い換えることができます。

これらのことから、小学校の社会科学習は、「社会的事象の見方・考え方を働かせ、問題解決的な学習活動を通して、資質・能力を育成する」という学習のプロセスを描くことを重視していることがわかります。

資料2　社会的な見方・考え方（「解説」p.19より）

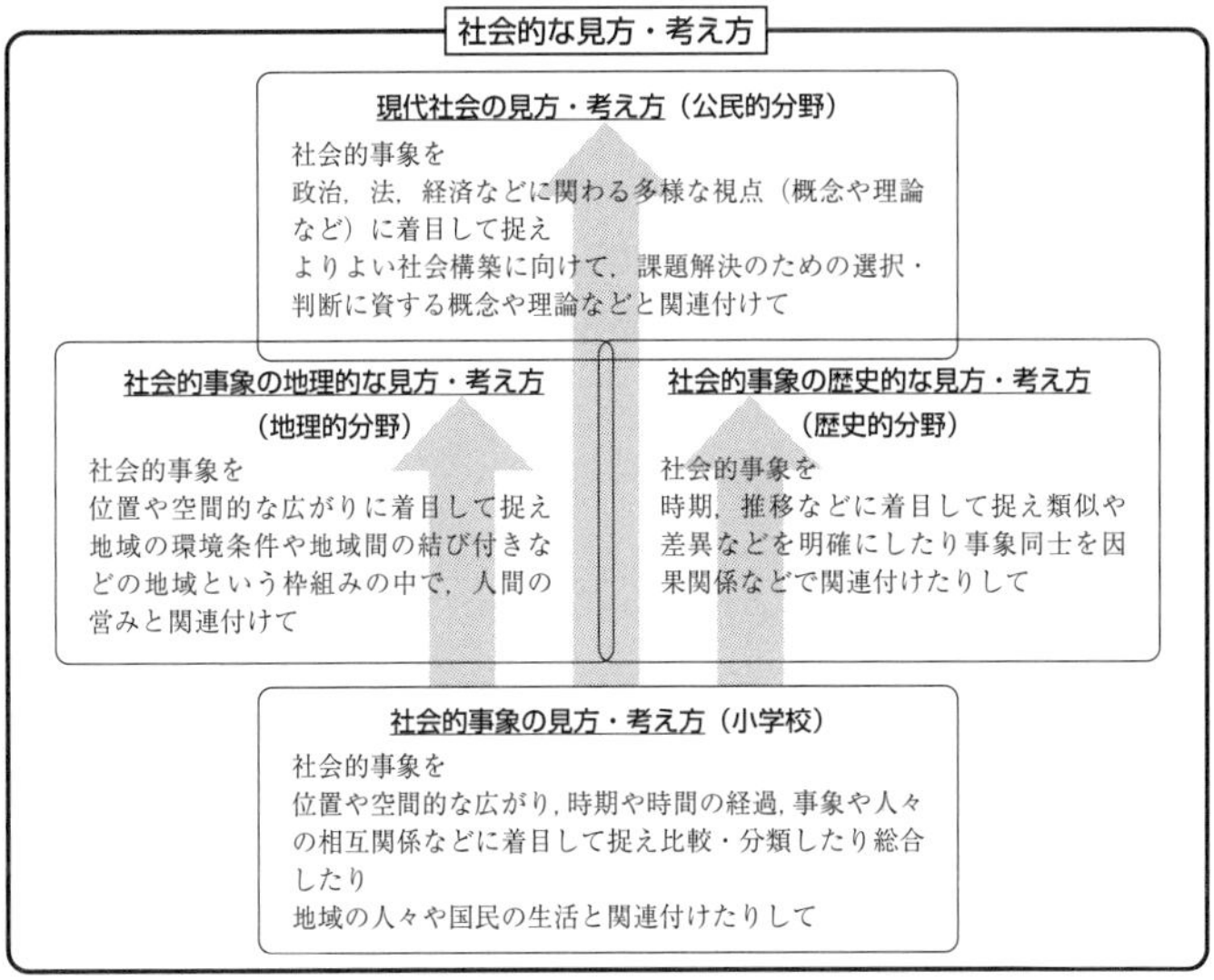
社会的な見方・考え方
現代社会の見方・考え方（公民的分野）
社会的事象を
政治，法，経済などに関わる多様な視点（概念や理論など）に着目して捉え
よりよい社会構築に向けて，課題解決のための選択・判断に資する概念や理論などと関連付けて
社会的事象の地理的な見方・考え方
（地理的分野）
社会的事象を
位置や空間的な広がりに着目して捉え
地域の環境条件や地域間の結び付きなどの地域という枠組みの中で，人間の営みと関連付けて
社会的事象の歴史的な見方・考え方
（歴史的分野）
社会的事象を
時期，推移などに着目して捉え類似や差異などを明確にしたり事象同士を因果関係などで関連付けたりして
社会的事象の見方・考え方（小学校）
社会的事象を
位置や空間的な広がり，時期や時間の経過，事象や人々の相互関係などに着目して捉え比較・分類したり総合したり
地域の人々や国民の生活と関連付けたりして

2　社会的事象の見方・考え方は、子どもが働かせるもの

ここで、もう一度「社会的な見方・考え方」を整理します。

> 小学校社会科、中学校社会科において、社会的事象の意味や意義、特色や相互の関連を考察したり、社会に見られる課題を把握して、その解決に向けて構想したりする際の「視点や方法（考え方）」を意味する。

これは、**資料2**に示す構造をもっており、「社会的事象の見方・考え方」は、そのなかに位置づきます。また、中学校社会科の各分野の学習に発展するものです。

「社会的事象の見方・考え方」とは、「位置や空間的な広がり、時期や時間の経過、事象や人々の相互関係などに着目して（視点）、社会的事象を捉え、比較・分類したり総合したり、地域の人々や国民の生活と関連付けたりすること（方法）」です。

ですから、これらの「視点」や「方法」を用いて、社会的事象について調べ、考えたり、選択・判断したりするわけです。このことを端的に言い換えると、子どもたちの学び方、を示しているのです。

「解説社会」では、次のように例示しています（18、19頁）。

例えば、どのような場所にあるか、どのように広がっているかなどと、分布、地域、範囲（位置や空間的な広がり）などを問う視点から、また、なぜ始まったのか、どのように変わってきたのかなどと、起源、変化、継承（時期や時間の経過）などを問う視点から、あるいは、どのようなつながりがあるか、なぜこのような協力が必要かなどと、工夫、関わり、協力（事象や人々の相互関係）などを問う視点から、それぞれ問いを設定して、社会的事象について調べて、その様子や現状などを捉えることである。また、どのような違いや共通点があるかなどと、比較・分類したり総合したり、どのような役割を果たしているかなどと、地域の人々や国民の生活と関連付けたりする方法で、考えたり選択・判断したりすることなどである。

3　中学校への接続・発展を考慮して、「学習内容」の整理・改善を図っている

社会科の学習内容は、以下のとおりです。

【第3学年】市を中心とする地域社会に関する内容
【第4学年】県を中心とする地域社会に関する内容
【第5学年】我が国の国土と産業に関する内容
【第6学年】我が国の政治と歴史、国際理解に関する内容

これらは、中学校で学ぶ内容との関連を考慮し、①**地理的環境と人々の生活**、②**歴史と人々の生活**、③**現代社会の仕組みや働きと人々の生活**に区分してとらえることができます。一覧にまとめると、次頁の**資料3**のとおりです。

また、「解説社会」（150、151頁）の「小・中学校社会科における内容の枠組みと対象」も参照すると、中学校への接続・発展をとらえることができます。

資料3

〈第３学年〉

(1) 身近な地域や市区町村の様子 ①
(2) 地域に見られる生産や販売の仕事 ③
(3) 地域の安全を守る働き ③
(4) 市の様子の移り変わり ②

〈第４学年〉

(1) 都道府県の様子 ①
(2) 人々の健康や生活環境を支える事業 ③
(3) 自然災害から人々を守る活動 ③
(4) 県内の伝統や文化、先人の働き ②
(5) 県内の特色ある地域の様子 ①

〈第５学年〉

(1) 我が国の国土の様子と国民生活 ①
(2) 我が国の農業や水産業における食料生産 ③
(3) 我が国の工業生産 ③
(4) 我が国の産業と情報との関わり ③
(5) 我が国の国土の自然環境と国民生活の関連 ①、③

〈第６学年〉

(1) 我が国の政治の働き ③
(2) 我が国の歴史上の主な事象 ②
(3) グローバル化する世界と日本の役割 ③

4　六つの内容について各学年の内容の充実を図る

中央教育審議会答申では、小学校社会科における具体的な改善事項については、次のように示しています。

(iii)　具体的な改善事項（小学校）

○小学校社会科においては、世界の国々との関わりや政治の働きへの関心を高めるよう教育内容を見直すとともに、自然災害時における地方公共団体の働きや地域の人々の工夫・努力等に関する指導の充実、少子高齢化等による地域社会の変化や情報化に伴う生活や産業の変化に関する教育内容を見直すなどの改善を行う。

○小学校社会科においては、これまで第４学年から配布されていた「教科用図書　地図」を第３学年から配布するようにし、グローバル化などへの対応を図っていく。

この答申を踏まえて、以下のように改善事項をまとめてます。

現代的諸課題を踏まえる観点から、我が国や地方公共団体の政治の仕組みや働き、世界の国々との関わりに関心を高めるとともに、社会に見られる課題を把握して社会の発展を考える学習の充実を図る方向で改善を図る。また、持続可能な社会づくりの観点から、人口減少や地域の活性化、国土や防災安全に関する内容の充実を図るとともに、情報化による生活や産業の変化、産業における技術の向上などに関する内容についても充実する方向で改善を図る。

この改善事項を受けて、各学年の内容が見直されています。

たとえば、第3学年の内容(1)「身近な地域や市区町村の様子」に関する内容で、公共施設の場所と働きに「市役所など」という文言が加わり、市役所の働きを取り上げることを示されました。

また、第6学年の我が国の歴史学習においても、外国との関わりへの関心を高めるようにすることを重視し、「当時の世界との関わりにも目を向け、我が国の歴史を広い視野から捉えられるように配慮すること」などと示されました。

具体的な改善・充実された内容は、次のとおりです。

【第3学年】

内容(1)　「身近な地域や市区町村の様子」

公共施設の場所と働きに「市役所など」という文言を加え、市役所の働きを取り上げることを示している。

内容⑷「市の様子の移り変わり」

少子高齢化等による地域の変化を視野に入れて、内容の取扱いにおいて「『人口』を取り上げる際には、少子高齢化、国際化などに触れ」ることを示している。

また、政治の働きへの関心を高めるようにすることを重視して、内容の取扱いにおいて「市が公共施設の整備を進めてきたことを取り上げること。その際、租税の役割に触れること。」を示している。

また、時期の区分について、昭和、平成など元号を用いた言い表し方などがあることを取り上げること」も示している。

【第４学年】

内容⑶「自然災害から人々を守る活動」

防災安全に関する内容の充実を図るため、これまで「地域社会における災害及び事故の防止」の内容の取扱いに示されていた「風水害、地震など」を独立させて「自然災害から人々を守る活動」として示し、「地震災害、津波災害、風水害、火山災害、雪害などの中から、過去に県内で発生したものを選択して取り上げる」よう示している。

その際、政治の働きに関心を高めるようにすることを重視して、「県庁や市役所の働きなどを中心に取り上げ、防災情報の発信、避難体制の確保などの働き、自衛隊など国の機関との関わりを取り上げること」を示している。


内容(5)「県内の特色ある地域の様子」

世界の国々との関わりに関心を高めるよう、これまでの「県内の特色ある地域」の事例に「国際交流に取り組んでいる地域」を加えている。

【第5学年】

内容(3)「我が国の工業生産」

「工業製品の改良」を取り上げるように示している。また、工業生産に関わる人々の工夫や努力として、「優れた技術」を示している。


内容(4)「我が国の産業と情報との関わり」

情報化に伴う産業や生活の変化を視野に入れて、これまでイ「情報化した社会の様子と国民生活との関わり」として示されていた内容を「情報を生かして発展する産業」に改め、「販売、運輸、観光、医療、福祉などに関わる産業の中から選択してとりあげる」ことを示している。

【第6学年】

内容(1)「我が国の政治の働き」

政治の働きへの関心を高めるようにすることを重視して、我が国の政治の働きに関する内容については、これまでの順序を改め、内容(2)を(1)として示している。これまでのア、イの順序も改め、(ア)日本国憲法や立法、行政、司法の三権と国民生活に関する内容、(イ)国や地方公共団体の政治の取組に関する内容とし、日本国憲法と国会・内閣・裁判所、国の政治と地方公共団体の政治などの関連に気付くようにしている。

また、地域の活性化の観点から、これまでの「地域の開発」を「地域の開発や活性化」と改めている。

内容(2)「我が国の歴史上の主な事象」

外国との関わりへの関心を高めるようにすることを重視して、「当時の世界との関わりにも目を向け。我が国の歴史を広い視野から捉えられるよう配慮すること」を加えている。

5　新たな事項を三つ、内容の取扱いに規定している

「内容の取扱い」に、新しく次の三つが示されました。

①カリキュラム・マネジメントのガイドを示している
②地図帳を扱う場面を明示している
③社会のかかわり方を選択・判断する場面と多角的に考える場面を明示している

①カリキュラム・マネジメントのガイドを示している

この内容については、第3学年内容⑴と⑶の「内容の取扱い」に示されています。

⑴　内容の⑴については、次のとおり取り扱うものとする。
ア　学年の導入で扱うこととし、アのアについては、「自分たちの市」に重点を置くよう配慮すること。

ここでは、第3学年の内容⑵⑶⑷にかかわりがあることを踏まえて、学年の導入で扱うようにすること、授業時間の配分などを工夫して「自分たちの市」に重点をおいた効果的な指導を行うように計画することを求めています。
学習指導要領の「内容のまとまり」において、カッコつきの番号は順序性を規定してはいませんが、第3学年内容⑴に限っては、学年の導入で扱うことを規定しています。

(3)　内容の(3)については、次のとおり取り扱うものとする。

ア　アのアの「緊急時に対処する体制をとっていること」と「防止に努めていること」については、火災と事故はいずれも取り上げること。その際、どちらかに重点を置くなど効果的な指導を工夫すること。

ここでは、「緊急時に対処する体制をとっていること」と「防止に努めていること」については、火災と事故のいずれにおいても取り上げるものとすることを示しています。その際、たとえば、「緊急時に対処する体制をとっていること」については、火災に重点を置き、「防止に努めていること」については、事故に重点を置くなど、取り上げ方に軽重をつけ、効果的に指導するようにすることを示しています。

②地図帳を扱う場面を明示している

この内容については、地図帳を授業で活用する内容を示しています。これまで第４学年内容(1)で活用をしていたものが、この改訂から第３学年内容(1)から活用することが規定されています。

(1)　内容の(1)については、次のとおり取り扱うものとする。
イ　アのイについては、「白地図などにまとめる」際に、教科用図書「地図」（以下第2章第2節において「地図帳」という。）を参照し、方位や主な地図記号について扱うこと。

③社会への関わり方を選択・判断する場面と多角的に考える場面を明示している

この内容については、「内容の取扱い」に、たとえば次のように示されています。最初に出てくるのは、第3学年内容(3)ですので、それを説明します。

(3)　内容の(3)については、次のとおり取り扱うものとする。
イ　イのアについては、社会生活を営む上で大切な法やきまりについて扱うとともに、地域や自分自身の安全を守るために自分たちにできることなどを考えたり選択・判断したりできるよう配慮すること。

さらに、この「内容の取扱い」について「解説社会」（44頁）では、次のように社会への関わり方を選択・判断することに関して解説されています。

また、内容の(3)のイのアにおける配慮事項を示したものである。ここでは、学習したことを基に、地域の人々が行っている火災予防、交通安全や防犯などに関わる活動の中から、地域社会の一員として自分たちにも協力できることを考えたり、自分自身の安全を守るために日頃から心掛けるべきことを選択・判断したりして、それらを基に話し合うことなどが大切である。例えば、火事を引き起こさない生活の仕方や事故を起こしたり事件に巻き込まれたりしない行動の仕方について討論したり、標語やポスターなどを作成したりすることなどが考えられる。

また、「多角的に考える」ことに関しては、第5学年内容(2)で説明します。

(2)　内容の(2)については、次のとおり取り扱うものとする。

イ　イのア及びイについては、消費者や生産者の立場などから多角的に考えて、これからの農業などの発展について、自分の考えをまとめることができるよう配慮すること。

この「内容の取扱い」について「解説」(81、82頁)では、多角的に考えることに関して次のように解説しています。

ここでは、学習したことを基に、生産性や品質を高める工夫を消費者や生産者の立場に立って多角的に考え、これからの農業や水産業における食料生産の発展に向けて自分の考えをまとめることができるよう指導することが大切である。その際、生産者の立場からは、農産物の生産では、農業法人などを設立して取り組んでいること、温室等の設備により出荷時期を工夫していることや、低価格という観点だけでなく手間をかけて高品質なものや付加価値のあるものを生産し海外に輸出していること、畜産物の生産では、与える飼料により品質を高めていること、水産物の生産では、魚群探知や養殖などに最新の技術を使っていることや持続可能な漁業を目指し水産資源を保護していること、さらに、生産・加工・販売を関連付けた、いわゆる「6次産業化」の動きなど新しい取組を取り上げることが考えられる。

また、消費者の立場からは、安全性の確保や環境への負荷の軽減などの意識が高まっていること、低価格のものだけでなく、高品質のものや希少性のあるものを求める傾向も見られることなどを取り上げることが考えられる。

このようにして、今後の農業や水産業の発展について考えようとする態度を養うようにする。

「多角的に考える」とは、子どもが複数の立場や意見を踏まえて考えることを指しています。小学校社会科では、学年が上がるにつれて徐々に多角的に考えることができるようになることを求めています。

社会への関わり方を選択・判断する場面と多角的に考える場面については、すべての内容に規定しているわけではありません。子どもが学習したことを基にして、実社会に、あるいは、未来に目を向ける場面を想定しやすい内容を選んで学習活動として示しているわけです。

大切なことは、社会的事象の仕組みや働きを学んだうえで、習得した知識などのなかから自分たちに協力できることなどを選び出し、自分の意見や考えとして決めるなどして、判断することです。

それは、事実を学んだうえで、「私たちはどうすればよいか」「これからは何が大切か」「いまは何を優先すべきか」などの問いを設け、取組の意味を深く理解したり、自分たちの立場を踏まえて現実的な協力を考えたり、関心の対象を選択・判断したりすることなどです。一覧にまとめると、次頁の**資料4**のとおりです。

資料4

学年		内容のまとまり	内容の取扱い
第３学年	(3)	「地域の安全を守る働き」	選択・判断
	(4)	「市の様子の移り変わり」	発展
第４学年	(2)	「人々の健康や生活環境を支える事業」	選択・判断
	(3)	「自然災害から人々を守る活動」	選択・判断
	(4)	「県内の伝統や文化，先人の働き」	選択・判断
第５学年	(2)	「我が国の農業や水産業における食料生産」	多角的
	(3)	「我が国の工業生産」	多角的
	(4)	「我が国の産業と情報との関わり」	多角的
	(5)	「我が国の国土の自然環境と国民生活との関連」	選択・判断
第６学年	(1)	「我が国の政治の働き」	多角的
	(3)	「グローバル化する世界と日本の役割」	多角的，選択・判断

6 指導方法の見直し

指導方法の見直しとは、「主体的・対話的で深い学び」の視点から授業改善を行うことで、小学校社会科においては、問題解決的な学習過程の充実を意味します。

具体的には、子どもが社会的事象から学習問題を見いだし、問題解決の見通しをもって他者と協働的に追究し、追究結果を振り返ってまとめたり、新たな問いを見いだしたりすることだといえるでしょう。この学習過程が主体的・対話的で深い学びを支えます。

問題解決的な学習過程の充実について詳しくは、[仕掛け③]で解説します。

[仕掛け②] 学習指導要領の読み方を知る

学習指導要領の読み方を覚えると、単元の学習過程（単元の問題解決的な学習過程）を具体的にイメージできるようになります。

特に、新しい学習指導要領は、内容の示し方が以前とは異なっていることに注意を向けるとよいでしょう。これまで「2　内容」は、「理解内容（知識）」を意味していましたが、今回はこれに加えて「指導内容」として描いている点に大きな特徴があります。

このことは、学習を通して資質・能力を身につけることに主眼を置いていると言い換えられます。すなわち、「何を学ぶのか」（理解内容）、「どのように学ぶのか」（指導内容）を「内容」に盛り込んでいることを意味し、後者については「着目して、調べ、考え、表現することを通して理解する」という学びのプロセスが描かれているということです。

「内容」の構造を図にすると、**資料5**になります。上段で示された内容を読み替えると、下段の構造が見えてくるという仕掛けです。これが、単元の学びのプロセスを構成します。およそどのような学習展開を求めているのか、イメージできるのではないでしょうか。

また、第3学年内容(1)で例示すると、**資料6**になります。

資料５　学習指導要領の読み方①

(1)　**A** について、学習の問題を追究・解決する活動を通して、次の事項を身につけることができるよう指導する。

ア　次のような知識や技能を身に付けること

(ア)　**B** を理解すること

(イ)　**C** などで調べて、**D** などにまとめること

イ　次のような思考力、判断力、表現力等を身に付けること

(ア)　**E** などに着目して、**F** を捉え、**G** を考え、表現すること

学習指導要領は、上のような構造で書かれています。それを下のように、並べなおして読みます。すると、単元の授業イメージがつかめます。

↓

E などに着目して、
C などで調べ、
D などにまとめて、
F を捉え、
G を考え、
表現することを通して、
B を理解すること

資料6　学習指導要領の読み方②

⑴　身近な地域や市区町村の様子 **A** について、学習の問題を追究・解決する活動を通して、次の事項を身に付けることができるように指導する。

ア　次のような知識及び技能を身に付けること。

㋐　身近な地域や自分たちの市の様子を大まかに **B** を理解すること。

㋑　観察・調査したり地図などの資料（**C**）で調べたりして、白地図など **D** にまとめること。

イ　次のような思考力、判断力、表現力等を身に付けること。

㋐　都道府県内における市の位置、市の地形や土地利用、交通の広がり、市役所など主な公共施設の場所と働き、古くから残る建造物の分布など **E** に着目して、身近な地域や市の様子 **F** を捉え、場所による違い **G** を考え、表現すること。

下のように、並べなおして読みます。すると、単元の授業イメージがつかめます。

［何について調べるのか］ 都道府県内における市の位置、市の地形や土地利用、交通の広がり、市役所など主な公共施設の場所と働き、古くから残る建造物の分布など **E** に着目して、

［どのように調べて、どのようにまとめるのか］ 観察・調査したり地図などの資料（**C**）で調べたりして、白地図など **D** にまとめて、

［何について考えるのか］ 身近な地域や市の様子 **F** を捉え、場所による違い **G** を考え、表現することを通して、

［この単元で理解すること］ 身近な地域や自分たちの市の様子を大まかに **B** を理解すること

［仕掛け③］単元を通して授業をデザインする

子どもが見方・考え方を自ら働かせて、社会的事象の意味を考えていけるように教師が意図的に授業をデザインすることが大切です。そのために、単元等でどのような視点や方法（見方・考え方）を働かせることが大切かを考え、教材の開発・吟味、分析を行い、問いや資料、学習活動などに潜ませるように計画することが必要です。

このことを理解するために、学習指導要領は、授業改善をどのようにとらえているのでしょう。

「小学校学習指導要領（平成29年告示）総則編」は、次のように説明しています（抜粋・要約）。

各教科等の指導に当たって、(1)知識及び技能が習得されるようにすること、(2)思考力、判断力、表現力等を育成すること、(3)学びに向かう力、人間性等を涵養することが偏りなく実現されるよう、単元や題材など内容や時間のまとまりを見通しながら、子供の主体的・対話的で深い学びの実現に向けた授業改善を行うこと、その際は、各教科等の「見方・考え方」を働かせ、各教科等の学習の過程を重視して充実を図ること。

具体的には、「小学校学習指導要領（平成29年告示）社会」の「第３　指導計画の作成と内容の取扱い」の指導計画の作成に当たっての配慮事項として、次のように、社会科の特質に応じてどのような学習活動等の充実を図ることが求められるのかを示しています。

第４章　指導計画の作成と内容の取扱い
１　指導計画作成上の配慮事項
(1)　単元など内容や時間のまとまりを見通して、その中で育む資質・能力の育成に向けて、児童の主体的・対話的で深い学びの実現を図るようにすること。その際、問題解決への見通しをもつこと、社会的事象の見方・考え方を働かせ、事象の特色や意味などを考え概念などに関する知識を獲得すること、学習の過程や成果を振り返り学んだことを活用することなど、学習の問題を追究・解決する活動の充実を図ること。
（傍線：筆者）

小学校社会科における主体的・対話的で深い学びの視点からの授業改善とは、端的に言えば、問題解決的な学習過程を充実することだと言うことができます。この問題解決的な学習過程の充実を図るには、子どもが社会的事象から学習問題を見いだし、問題解決の見通しをもって他者と協働的に追究し、追究結果を振り返ってまとめたり、新たな問いを見いだしたりする学習過程などを工夫することが考えられます。

この問題解決的な学習過程の充実については、次のポイントに整理することができます。

●単元全体を通して授業をデザインする。

●子どもが社会的事象から学習問題を見いだし、その解決への見通しをもって取り組むようにする（主体的な学びの視点から）。

●学習過程を通じたさまざまな場面で、子ども相互の話合いや討論などの活動を一層充実させ、自己の学びを広げるようにする（対話的な学びの視点から）。

●社会的事象の見方・考え方を働かせて、考察、構想や、説明、議論等の学習活動が組み込まれた課題を追究したり解決したりする活動が不可欠である（深い学びの視点から）。

見方・考え方を軸に問題解決的な学習を展開するためには、まず、目標や内容を分析し、単元等でどのような視点や方法（見方・考え方）を働かせることが大切かを考え、教材の開発・吟味、分析を行ったり、評価を子どもの具体的な姿で描いたりすることが大切です。

次に、単元の目標の実現のために、単元全体を通して追究する学習問題を設定します。

続いて、学習問題に対する予想をもとに、学習問題を解決するための見通しを立てます。ここでは「各時間の問いが、学習問題の解決につながるか」という吟味が大切です。

また、社会的事象の見方・考え方を働かせられるように、問いや資料、学習活動などに見方・考え方を潜ませるように計画します。学習活動については、必然性のある対話的な活動（会話）を仕組むことが重要です。

最後に、単元のまとめを子どもの言葉、姿で描いておくことです。これは、学習評価につながります。このまとめが学習問題の解決につながり、目標の実現につながります。

このように、子どもが社会的事象の見方・考え方を自ら働かせて社会的事象の意味を考えていけるように、単元を通した授業の骨格を教師が意図的にデザインすることがとても重要となります。

これらのことを図にまとめると、次頁の**資料7**になります。

子どもの問題解決的な学習は、1時間の授業（45分）でデザインしようとするとうまくいきません。単元の目標の実現に向けた、単元全体でデザインする必要があります。さらに重要なことは、学習問題と各時間の問いがつながっているか、各時間の問いが子どもたちの見通しと結びついているかなど、「問い」がつながるデザインにすることです（**資料8**）。

資料７　「主体的・対話的で深い学び」の視点からの授業改善のポイント

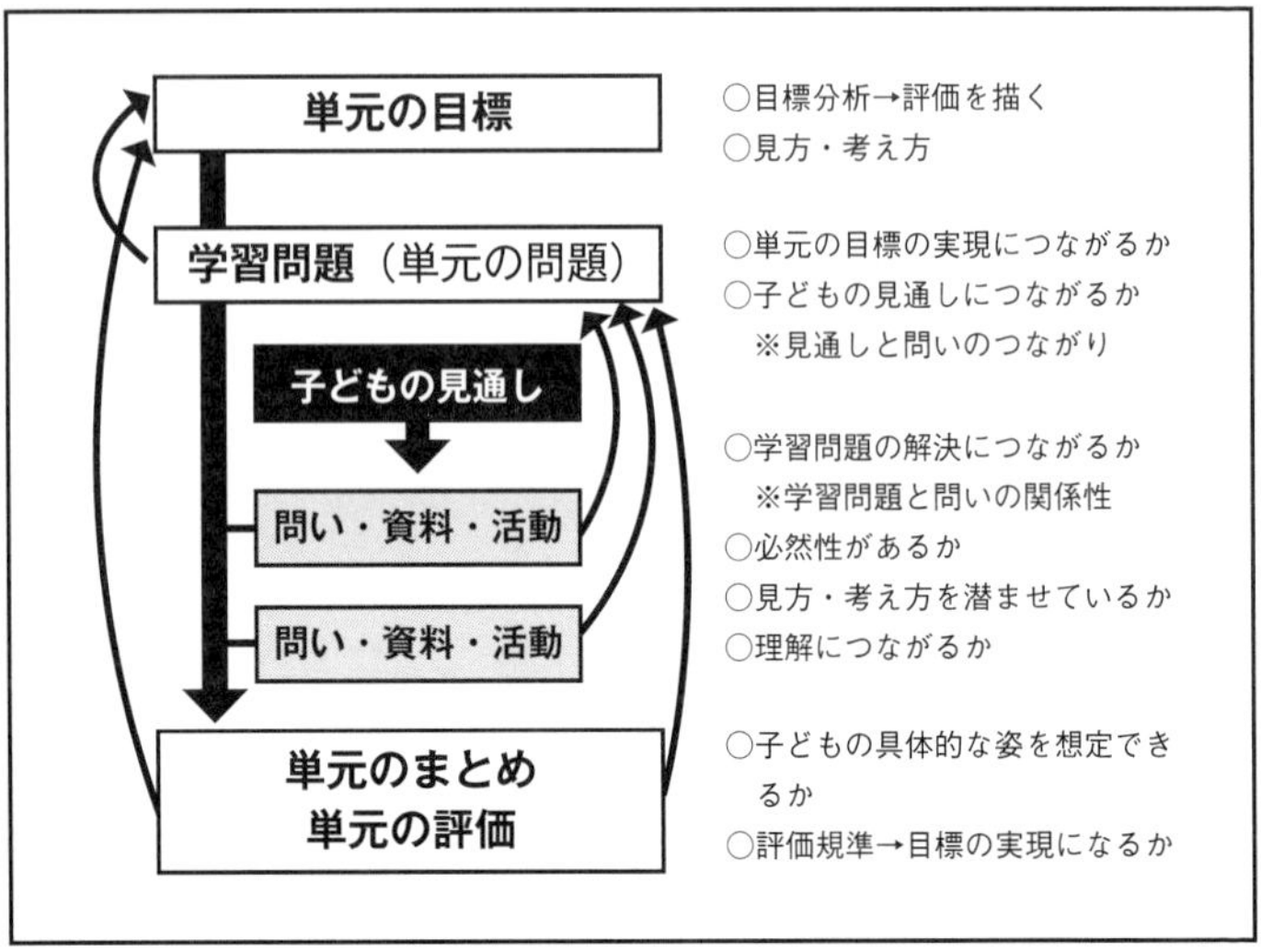

資料８　単元全体で問いをデザインする

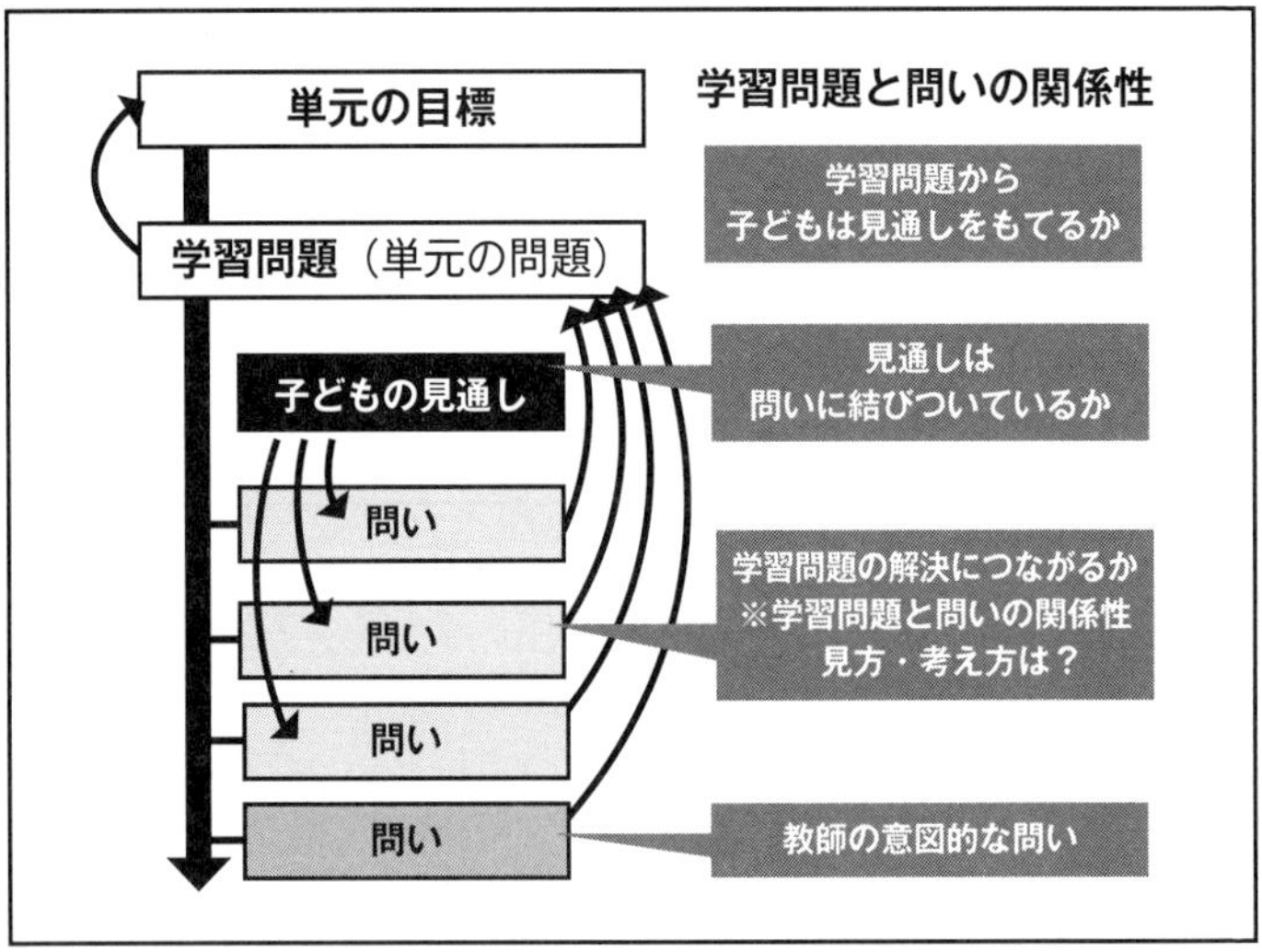

指導計画を作成したら、学習問題と各時間の「問い」だけを吹き出しにして並べてみます。すると、「問い」がきちんとつながっているかを一目で確認することができます。これが、子どもが主体的に追究できるようにするための仕掛けです。

また、教師の出番も考えておく必要があります。子どもの「問い」が連続するだけでは学習の深まりが期待できない場合に、教師の有効な問いを設定するのです。

[仕掛け④] 三つの場面で丁寧に取り組む

単元を通して主体的・対話的で深い学びを実現する授業をデザインするというとき、特に丁寧に取り組みたい場面があります。それは、次の三つの場面です。

1 学習の見通しをもつ。
2 かかわり合いながら学ぶ。
3 まとめる。

この三つの場面を考える際の着眼点には次のとおりです。

主体的な学び…と言いながら

　問題解決の見通しをもつ時間を丁寧に行っているか？

　子どもたちは問題解決の見通しをもてたのか？

　学習問題の質は？　共有できているか？

対話的な学び…は、形ではなく…

　自己の考えを広げ、深める活動になっているか？

深い学びにつながる…

　まとめになっているか？

　社会への関わり方を選択・判断することになっているか？

　以下、この三つの場面ごとに説明します。

1　学習の見通しをもつ

　問題解決的な学習において、「学習問題（問い）」が重要な役割を果たしていることは言うまでもありません。問題は、子どもが学習問題（問い）を立てる前後に行う「予想」をどれだけ充実できるかです。それによって、学習への見通しをもてるかが決まります。

子どもは、生活経験や既習と結びつけて予想をします。なかには、生活経験と結びつけにくい、既習では対応がむずかしい単元もあります。そのような場合には、資料を提示するなど工夫します。

すなわち、「学習の見通しをもつ」とは、子どもが学習問題（問い）を把握し、生活経験や既習を基に予想し、学習計画を立てる、といった問題解決への見通しをもつことです。

①疑問や予想から学習問題（問い）を立てる

教師が問いかければ気づき、疑問、予想などを子どもたちは発言してくれます。それに対して、問い返したり、関係づけたりしながら、一緒に学習問題へと磨きをかけていき、共有する過程を充実することが、非常に重要です。

②予想から計画を立てる

学習問題がつくれたら、学習問題に対する予想を立てるか、前の予想を再度出し合い、整理しながら調べる計画を立てます。この過程が、子どもが自分の見通しをもつ道筋となります。子ども自身が、解決すべき問題を把握できること、その問題を解決する見通しをもてることの双方を担保することが、主体的な学びにつながります。

ここで、事例を一つ紹介します。「学習の見通しをもつ」場面を丁寧に行った事例です。単元は、第3学年内容(3)「地域の安全を守る働き―消防署の働き―」導入の第3時です。

第1時では、わずか10分で全焼してしまう資料を提示し、「あっという間だ」「早い」という驚きをもたせました。第2時では、前年の火災件数の資料を提示し、「10分であっという間に全焼するのに、182件中5件しか発生していない…」と、驚きと疑問をもたせ、学習問題を設定しました。

本時は、「世田谷区ではどうしてほとんどの火事が全焼する前に消し止められているのだろう」という学習問題に対して予想します。

学習問題をつかみ、予想を出し合いましたから、あとは、その予想を確かめる計画を立てればいいわけです。この過程が実に丁寧に行われている実践でした。この授業では、実は「資料」「活動」「問い」に、緻密な仕掛けが仕込んであったのです（資料9）。

「学習の見通しをもつ」については、授業前、授業中、授業後に、次のことを確認してみるとよいでしょう。

課題（問い）は本当に子どもに届いているか

● 子どもは問いをもてたか？

資料９　第１時資料「全焼までの時間」

第1時資料「全焼までの時間」

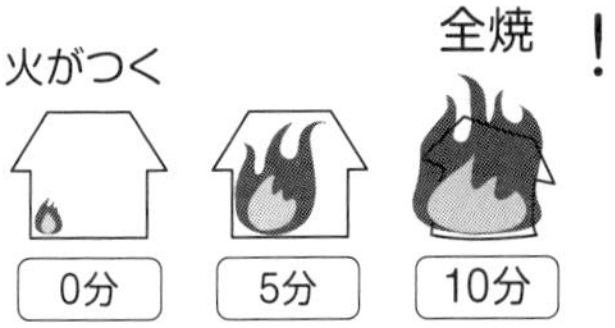

たった10分で全焼してしまうと知ってびっくりしました。

→全焼までの時間は「早い」という認識をもたせる。

第2時資料「火災の発生件数と全焼した件数」

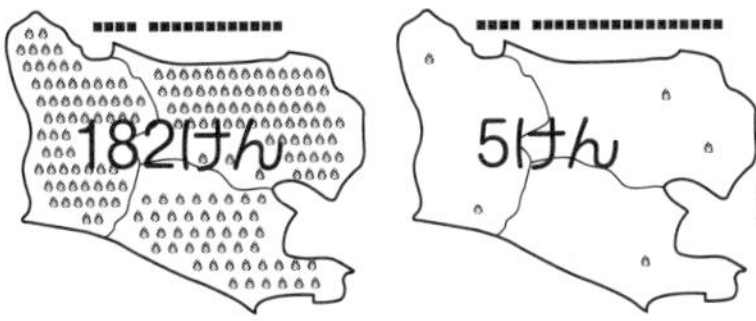

10分で全焼してしまうのに。182件の火災の中で5件しか全焼しなかったのはどうしてなんだろう？

学習問題　世田谷区でどうしてほとんどの火事が全焼する前に消し止められているのだろう。

予想

- 消防車が早く来て消しているのだと思う。
- 町で消防団の人を見たことがあるから関係あるんじゃないかな。
- 119番に電話したからだと思う。
- 学校や町の中にも消火器が置いてあるからすぐ消せるのだと思う。

学習計画

・消防署の働きについて調べる。
・119番通報について調べる。
・消防団の働きについて調べる。
・学校や町の消防施設・設備について調べる。

●学習問題は教師と子どもと共有できているか？

問題解決は子どもの手が届きそうなものか

●子どもは学習問題について予想できるか？

●予想から見通しをもつことができるか？

2　かかわり合いながら学ぶ

子どもは、調べたことや考えたことを交流し合うことで、考えを深めることができます。このようなかかわり合いながら学ぶ場をいかに仕掛けるかが、「対話的な学び」のベースとなります。

小学校社会科であれば、子どもが多様な視点をもてるようにすることによって、社会的事象の特色や意味を多角的に考えられるようになります。

かかわり合いにおいて大切なことは、学習形態のよしあしではなく、その学びが子どもの考えを広げ深めるものになるかにあります。そのために必要なことが必然性です。「なぜ、わたしたちはこの話題について話し合うのか」が、子どもたちの間で共有されていてはじめて「対話的な学び」が成立します。

ですから、教師は、必然性のあるかかわり合いの場と時間をつくる、そういう仕掛けを仕組むことが必要なのです。

①目的がわかる

（繰り返しになりますが）「なぜ、わたしたちは話し合うのか」があいまいな場である限り、子どもは自分の考えを広げることも深めることもできません。

そうではなく、「疑問に思うことがある」「予想を確かめたい」「解決したい問題がある」「だけど、自分一人の力ではむずかしそうだ」そう子どもたち自身が思えてはじめて、誰かに自分の意見を聞いてもらいたくなるし、友達の意見も聞いてみたくなるのです。つまり、なんのために対話するのかがわかることが重要なのです。

こうしたかかわり合いにもち込める「目的」をいかに共有させるか、教師の腕の見せどころです。

②伝える、聞く、つなげる

調べたことや考えたことを友達と交流することで考えを深めるには、子ども自身が自分の考えを伝えること、友達の考えを聞くこと、友達の考えと自分の考えをつなげることが大切です。

そのためには、考えの伝え方、聞き方、つなげ方を、子ども自身が知る必要があります。たとえば、子どもたちが次のような言葉を駆使しながら対話できるようになるのが理想です。

●伝える

「つまり…」「たとえば…」「なぜなら…」など

●聞く

「それって、どういう意味?」「どうしてそう思ったの?」など

●つなげる

「Aさんと関連して…」「Bさんの考えと似ていて…」「Cさんと違って…」など

子ども同士の話合いが、本当の意味で絡み合い、つながり合えることができるようになれば、彼ら自身の力で学びを深めていけるでしょう。

ここで、もう一つ事例を紹介します。「何のために話し合うのか」(目的)を明確にし、対話的な活動によって友達の考えに揺さぶられ、自分の考えを深めていった事例です。

各自ノートをもとに振り返ります。「問い」は「公助・共助・自助はどのような協力

資料 10

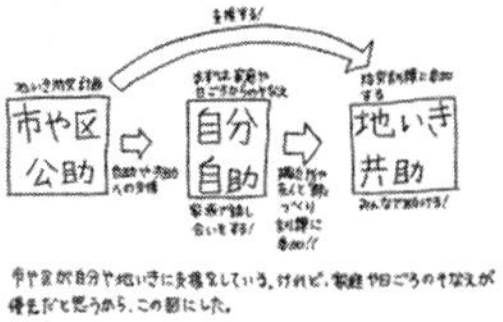

獲得した知識や社会的事象の見方・考え方を働かせて考えたことを整理する時間

話合い：
「どのような協力関係か」
を考える

「話し合った結果→自分の考え」
まとめ　から　ふりかえり

つまり、公助・共助・自助の一つが欠けてしまうと全部がだめになってしまうから、3つも大切で互いに支え合っていると思います。今日、図を書いてみて班で発表し合いました。すごいなと思ったのは、Kさんの「自助があるから共助があり、共助がないと自助がない。そして、公助がないと共助がないから1つ欠けてしまうと、すべてが成り立たない」という考え方です。なので、3つとも大切だということがわかりました。

関係か」で、これまでの学習をもとにしながら「関係図」に整理していきます。関係図には説明文を入れたり、関係性を明らかにする矢印を引きます（資料10）。

この関係図をもとにしながら班ごとに話合いを行いました。お互いに考えを出し合い、質疑応答を繰り返しながら、自分の考えを振り返ります。子どもの学習記録を見ると、「すごいなと思ったのは、Aさんの考えで…」などと友達の考えに影響を受けたことを挙げながら、「つまり」で自分の考えを表現していました。これは、話し合いを通じて、自分の考えが広がったり深まったりして、知識が更新したことの表れだといえるでしょう。

「かかわり合いながら学ぶ」については、授業前、授業中、授業後に、次のことを確認してみるとよいでしょう。

形だけ、教師の都合のみになっていないか

- 子どもにとって本当に必要な活動か？
- グループで活動する目的はわかっているか？

かかわり合って学ぶよさを味わっているか

- 自分の学びを深める（結論をつくる）ことになってるか？
- 普段からつなげて考える学び合いになっているか？

3　まとめる

最後に大切にしたいことは、「まとめる」です。これには、学習成果の説明と学習したことの振り返りの二つがあります。

前者は、子どもが調べたこと、わかったこと、考えたことを文章にしたり、白地図や年表、図表などにまとめたりすることで、学習成果を踏まえて新たな「問い」を見いだすのに欠かせません。後者は、自分の学習を振り返ったことなどをまとめることで、学んだことをもとに自分の生活を見つめたり社会生活に向けて生かしたりします。

　つまり、この二つの「まとめ」があってはじめて、次の学習への「主体的な学び」の動線となり、ひいては社会的事象の見方・考え方を働かせる「深い学び」につながっていきます。

①説明する「まとめ」

　社会科であれば、学習内容に合わせて、白地図や年表、関係図にまとめるのが一般的ですが、重要なことは、まとめた内容を次の学習に生かせるようにすることです。ですから、けっして「まとめたら終わり」ではありません。たとえば、作成した地図や年表から、これまでの学習を総合し、文章にして説明すること、まとめた関係図をもとに関係づけた理由や根拠を文章で説明することが大切なのです。

②振り返る「まとめ」

　振り返る「まとめ」は、自分の成長を自覚したり、学んだ成果を共有したりすることができるところに特徴があります。そのため、学習を通じて何を振り返らせたいのか、どう振り返らせたいのかを明確にして、単元に設定する必要があります。

毎時間振り返らせるのか、それともポイントを絞って限定するのか（本時の学び・本時の問いに対する振り返り）、あるいは単元の学習問題を振り返らせるのは何時か（単元を通して追究してきた問題に対する振り返り）など、単元計画に意図的に仕掛けるということです。

（社会科であれば）単元の終わりでは、これまでの学習で「地域の人々は…」「〇〇市は…」などと三人称で振り返ってきた子どもたちに、「私は…」と一人称でまとめさせる振り返りになるように仕掛けます。そうすることで、学んだことがその子自身のもの（自分ごと）となるのです。

自分ごととして振り返ることができたまとめは、新たな「問い」（疑問や課題）を自分自身に与えることができます。この「問い」の積み重ねが、「学びに向かう力」を鍛えていくのです。

＊

「まとめる」については、授業前、授業中、授業後に、次のことを確認してみるとよいでしょう。

作品づくりで終わっていないか

●各自のまとめ（作品づくり）で終わっていないか？

社会への関わり方を選択・判断することにつながっているか

●その時間や問いの設定は必然性があるのか？
●子どもたちは本当に新しい問いをつかめているのか？
●学習を基に考えられる内容か？

これまで述べてきたように、これからの授業は、「主体的な学び」「対話的な学び」「深い学び」の三つの視点を個別・具体にイメージを膨らませ、相互に結びつけながらさまざまな仕掛けを仕組みながらデザインしていくことが大切なのです。

第４章

［授業本番］

想定外を楽しむ

授業づくりは、仕掛け8割、本番2割

〝授業は生き物〟と言われるとおり、教師と子どもでつくるものですから、教師の思うとおりにはなかなかいきません。むしろ、思ったとおりにいかないのが授業だといってもいいくらいです。

でも、私はそれでいいと思っています。むしろ、教師の思ったとおりに進む授業はおもしろくない。子どもたちの思いがけない発想や言動は、教師の想定を外れた先に生まれるからです。それが、私にとっての授業の醍醐味でした。

だからといって、思いどおりにいかない授業を推奨したいわけではありません。

ある1時間の授業が教師の思いどおりにいかなかった（想定を外れた）としても、そのつど単元計画のほうに手を加えていけばいいということです。単元全体として教師の思惑を外れなければよいのです。そのための仕掛けです。そうであれば、子どもたちの学びを保証しつつ、彼らの想定外を存分に楽しむことができるようになります。

こうしたことを踏まえ、私は、事前の準備（仕掛け）が8割、本番（授業）が2割くらいのイメージをもつとよいのではないかと思います。

授業の始業ベルが鳴った瞬間には、授業を構成するすべての仕掛け（学び合う風土、指導や評価の計画、発問や資料等の授業準備、教室環境など）が済んでいる。これが8割です。あとは本番に笑顔で挑む。これが2割。この点からもわかるように、授業の成否は、事前の準備（教師の緻密な仕掛け）でほぼ決まるともいえます。

さて、本章では、私がかつて行った授業を材料にしながら授業展開のポイントを紹介していきたいと思います。

題材として扱うのは、平成26年に行った第4学年「災害からくらしを守る」（全9時間）の実践の舞台裏です（平成26年の実践ですから、よってたつ学習指導要領は平成20年版となります）。

1　学習指導要領を読んで、単元構成を考える

本単元は、第4学年の学習指導要領の目標⑴と、内容⑷のア、イ（「関係諸機関が地域の人々と協力して災害の防止に努めていること」「関係諸機関が相互に連携して、緊急に対処する体制をとっていること」）を土台としつつ、次の内容を加えて新しく構成します。

●第3学年及び4学年目標⑴内容⑷ア、イに、第5学年目標⑴内容⑴エ、目標⑵内容⑷イの一部を加える（一人一人の防災意識の高まり・防災情報ネットワーク）。

●公助・共助・自助（関連も含めて）を取り上げる。
●「公助の役割と共助・自助の重要性」をつかませる。
●市役所の働きを位置付ける。

これを受けて、単元のねらいは、次のようにしました。

市や地域の方々、関係諸機関が連携・協力して災害から私たちのくらしを守るために工夫や努力をしていることについて調べ、減災のためには、市、地域、自分が協力して取り組まなければならないことや、私たち一人一人が防災の意識を高めていく必要があることを考えられるようにする。

学習指導要領の規定を抜粋すると、次のとおりです。

小学校学習指導要領（平成20年改訂版）
第３学年及び第４学年
(4)　地域社会における災害及び事故の防止について、次のことを見学、調査したり資料を活用したりして調べ、人々の安全を守るための関係機関の働きとそこに従事している人々や地域の人々の工夫や努力を考えるようにする。

ア 関係機関は地域の人々と協力して、災害や事故の防止に努めていること。

イ 関係の諸機関が相互に連携して、緊急に対処する体制をとっていること。

第5学年

(1) 我が国の国土の自然などの様子について、次のことを地図や地球儀、資料などを活用して調べ、国土の環境が人々の生活や産業と密接な関連をもっていることを考えるようにする。

エ 国土の保全などのための森林資源の働き及び自然災害の防止

(4) 我が国の情報産業や情報化した社会の様子について、次のことを調査したり資料を活用したりして調べ、情報化の進展は国民の生活に大きな影響を及ぼしていることや情報の有効な活用が大切であることを考えるようにする。

イ 情報化した社会の様子と国民生活とのかかわり

(内容の取扱い)

(5) 内容の(4)については、次のとおり取り扱うものとする。

イ イについては、情報ネットワークを有効に活用して公共サービスの向上に努めている教育、福祉、医療、防災などの中から選択して取り上げること。

2　教材を開発・吟味する

本単元における教師の問題解決については、第2章でも少し触れているので、ここでは教材分析を簡単に示します。

教材を分析するにあたっては、さまざまな視点や方法があります。ここでは、「どこを見たら社会がよく見えるのか」「どのように見たら社会がよく見えるのか」という視点で分析します。

まず、以下の四つを明確にします。

●調べること（対象）は何か。
●理解することは何か。
●考えることは何か。
●かかわり方にはどのようなものがあるか。

教材分析は分析して終わりではありません。分析をもとにして学習過程にどう位置づけるのかを明確にすることが大切です。
この単元は、次の四つの視点で構成しています。

〈子どもの学びを中心に内容分析を意識した四つの視点〉
「現実を見る」…事実を具体的に／徹底的に事実をとらえる（様子や仕組み等）
「人の営みを見る」…人間の工夫や努力、思いや願い、誇り、責任、役割
「社会的な意味や価値を考える」…背景や要因、影響（社会のしくみ等）
「自分のかかわりを考える」…子どもと教材のかかわり、自分ごと、社会参画

この四つの視点にもとづいて単元の内容分析をまとめると、次頁の**資料1**になります。

3　指導計画を作成する

次に、可能な限り子どもたちの学びが主体的になるように単元全体をデザインします。このデザインは、授業の進行状況や子どもの学びの状況に応じて修正が利くようにしておきます。アクセルの遊びのような幅をもたせておくということです。
また、172〜173頁の**資料2**に示す指導計画も、授業を通して修正を加えていき

資料1　単元の内容分析

	現実を見る ＝防災の取組	人の営みをみる	社会的な意味や価値を考える	自分のかかわりを考える
1から7時	市役所の取組 （準備・啓蒙・情報） 公助 地域の取組 （行事・訓練・関係作り） 共助 自分の取組　自助	小金井市役所の方・町会の方 「言葉」 ・みんな被災者だ ・人と人とのつながりをつくることが大切 ・今だけではなく、これからを考えて	災害からくらしを守るために、市や地域では連携・協力して様々な取組を行っている。	防災訓練への参加・防災メール等受信地域行事への参加
8時	国分寺防災フェスタ 「カエルキャラバン」 ・楽しく学べる防災訓練 ・市、地域、他団体、自分との関連	国分寺市役所の方・町会の方・NPOの方 「言葉」 ・「子ども、親の方に防災訓練に参加してほしい」	減災のためには、みんなでともに命を守ることが大切であり、そのためには一人一人の防災意識の高まりが必要である。	行事へ参加・取組への協力・地域の人々との関係づくり

ます（実際に修正を加えたのは、指導計画内の□囲み部分）。

この単元デザインの意図は、以下のとおりです。

●導入で地震災害の被害の大きさ、首都直下地震発生確率を扱い、「自分たちの住んでいる地域でも大きな地震が起こるかもしれない」と切実感をもてるようにする。

●学習問題を災害から命やくらしを守るために、「だれが、どんなことをしているだろう」と設定し、主語を明確に設定することで、予想と見通しを立てやすくなるようにする。

●予想から調べる見通しを丁寧に行う。

- 実際に防災・減災に取り組んでいる人々の活動の様子や話を中心に調べ活動を展開する。
- 学習したことをつなぐことを意識して展開し、特に第8時は、第1から7時の学習をもとにしながら学びを深められるようにする。
- 対話的な学びを大切にし、追究段階、考えを交流する段階、最終的に考えをまとめる段階にそれぞれ設定する。
- 対話的な学びを成立させるために、問いを明確にする→学習したことをもとに自分の考えをまとめる→考えを交流する→交流した結果、再度自分の考えをまとめる、というプロセスを組み込む。
- まとめの時間をしっかり確保し、学習したことを根拠にしながら、自分の言葉で自分の考えをまとめられるようにサポートする。

4　第8時「イザ！カエルキャラバン！」の取組の意味を考える時間を設定

市の取組や地域の取組の学習を通して、「防災の取組には、公助・共助・自助があること」「市と地域や住民が協力して防災に取り組んでいること」をとらえることが単元を構成するメインテーマであり、第8時を本番の授業と位置づけています。

第8時では、次の二つの事柄を考えながら国分寺の防災フェスタ「イザ！カエルキャ

○地域が行っている防災のための様々な取組 ・自主防災組織 ・東京防災隣組 ・防災意識の低下、参加者の減少 ⑥	**■自主防災組織や東京防災隣組について組織の方の話やDVDなどをもとに調べる。** ○組織の方の話や隣組の方の話から、人と人のつながりが防災にはたいへん重要であることを考える。 ○地域の取組は、いま、だけではなく、これから、未来を考えた取組をしていることがわかる。	◇自主防災組織の年間を通した活動から、訓練だけではなく、地域での人と人とのつながりが大切であることを考えられるようにする。 □自主防災組織の方の話 □東京防災隣組 DVD	☆自主防災組織や防災隣組の取組が今だけではなく、未来を考えて活動していることがわかる　(理解)
○区や市、地域、自分の防災のための様々な取り組み ⑦	**■災害から命やくらしを守るためのはたらきについて、関係図にまとめる。** ○学習問題をふり返り、災害から命やくらしを守るために、だれが、どんなことをしているのか、話し合い、整理する。 ○公助・共助・自助を線で結び、関係を考え、自分なりの考えを図と言葉でまとめる。	◇公助・共助・自助を線で結び、関係性や重要性を図と言葉でまとめるように全体で例指示ながら確認する。 □学習記録の掲示	☆これまでの学習を整理して、防災の取り組みを図と言葉で全体像をまとめる。 (技能・理解)
○国分寺の防災フェスタ「イザ！カエルキャラバン」 ⑧	**■国分寺の防災フェスタ「イザ！カエルキャラバン」の取組の意味について考える** ○楽しく学ぶ防災という取組を国分寺市が行った意味をこれまでの学習を生かして、考える。 ○「イザ！カエルキャラバン」のねらい、「おもちゃをカエル」「意識をカエル」「地域をカエル」について考える。 ○Fさんの話や「救出者の内訳」資料から、共助・自助の重要性について考える。 ○自分の地域に目を向けて考える。	◇国分寺市の取組の話や阪神淡路大震災の「救出者の内訳」のグラフから、地域での助け合い、一人一人の防災意識の高まりの重要性について考えることができるようにする。 □「イザ！カエルキャラバン」のポスター □「イザ！カエルキャラバン」カード □「イザ！カエルキャラバン」写真 □国分寺市役所の方 □阪神淡路大震災「救出者内訳」グラフ	☆市の取り組みの意味（公助）について考える。 (思考) ☆共助・自助の重要性について考える。　(思考) ☆自分にできることを考える。 (思考・態度)
○防災会議を開き、地震災害の被害から身を守るためにわたしたちにできることを話し合う。 ・公助、共助、自助の役割 ・公助、共助、自助の連携・協力 ・公助の限界と共助・自助の重要性 ⑨	**■これまでの学習をもとに、被害を最小限におさえるためには、みんなでともに命を守ることが大切であり、そのためには一人一人の防災意識の高まりが必要であることを考える。** ○わたしたちにできることについて考え、話し合う。 ○被害を最小限におさえるためには、一人一人の防災意識の高まりと地域での人と人との関係作りが大切であることを考える。 ○公助の役割、共助・自助の重要性について考える。	◇公助・共助・自助のかかわりなどをふまえて、自分なりに大切だと思うことを2枚のカードにまとめるようにする。 □関係図	☆みんなですべきこと、自分にできることを様々な立場から考える。 (思考・態度)

資料2　単元の指導計画（9時間）

対象とする社会的事象	主な学習内容■と学習活動○	指導上の留意点◇	評　価☆
○阪神淡路大震災 東日本大震災 首都直下地震 ・M7.3 30年以内に70% ・帰宅困難者 約650万人 ・けが　約21万人 ・死者　約11000人 ①	**■阪神淡路大震災や東日本大震災の写真や記事から地震被害の大きさを知り、首都直下地震に対する備えについて予想し、学習問題を設定する。** ○写真や新聞記事をもとに、地震被害の状況や大きさについて知る。 ○新聞記事やDVDをもとに、首都直下地震の被害想定について知る。 ○首都直下地震への備えについて話し合う。	◇実際の地震の写真や被害の様子を示したりして、地震による被害の大きさを実感できるようにする。 ◇首都直下地震被害想定（新聞記事）を示し、災害を自分たちの問題とできるようにする。 □読売新聞 (2015.1.17) □写真 ・阪神淡路大震災 ・東日本大震災	☆地震被害の状況や大きさについてわかる。（知識） ☆学習問題について予想し、調べる計画を立てる。 （思考）
災害から命やくらしを守るために、だれが、どんなことをしているのだろう			
○区や市、地域、自分の防災のための様々な取り組み ・緊急地震速報 ・耐震工事 ・地震に強いまちづくり ・防災マップ ・避難所の設置 ・体制作り ・防災訓練	**■自分の住んでいる区市や地域、自分の防災の取組について調べる** ○インターネットや市区からの配布物、両親からの聞き取りなどをもとに、区市や地域、自分・家族の取り組みについて調べる。 ○調べてきたことを発表し、市や区、地域、自分・家族に整理する。	◇各自の調べたことを区や市・地域・自分に整理して、まとめる。 □防災倉庫（備蓄品）	☆防災のために様々な取り組みを行っていることがわかる。（知識）
○区や市が行っている防災のための様々な取組 ・防災計画の作成 ・防災マップ ・避難場所の設置 ・防災倉庫（備蓄） ・防災無線 ・メールの配信 ③	**■小金井市の防災マップから、小金井市の防災の取組について調べる。** ○防災マップから小金井市の取組をグループで相談しながら、読み取り、発表し合う。 ○市役所の方の話から、小金井市の取組を読みとる。	◇防災マップを配布し、グループでマップから防災の取組を読み取る活動を設定する。 ◇防災マップの地図以外の情報も読み取るように促す。 ◇取組とその意味を考えるように促す。 □小金井市防災マップ □小金井市役所の地域安全課Yさんの話	☆防災マップから、必要な情報を読み取る。（技能）
○区や市が行っている防災のための様々な取組 ・区や市の取り組み ①そなえ ②伝える ③はたらきかける ・防災情報ネットワーク ④	**■地震の時の情報が小金井市から、わたしたちに届くまでの情報ネットワークについて調べ、図にまとめる。** ○前時の小金井市の取組を確認する。 ○目には見えない情報の伝達について調べ、図に整理して、まとめる。	◇情報の流れを図に整理して、児童がとらえやすくする。 □小金井市役所の地域安全課Yさんの話 □小金井市防災マップ □小金井安心・安全メールのお知らせ	☆防災マップや市役所の方の話などから、必要な情報を読み取る。 （技能）
○地域が行っている防災のための様々な取組 ・よびかけ ・備蓄 ・防災訓練 ・防災会議 ・自主防災組織 ・東京防災隣組 ⑤	**■小金井市自主防災組織の取組について、市役所の方の話や資料をもとに調べる。** ○市役所の方の話から自主防災組織の活動や市からの支援について調べる。 ○自主防災組織の資料から、活動の様子を具体的に読み取る。 ○熱心な取組に対して、防災訓練への参加者が少ないという問題がわかる。 ○「おまつりで防災訓練」「訓練に参加すると何かもらえる」という取組について考え、話し合う。	◇市や自主防災組織の熱心な取組について読み取れる資料を提示。 ◇現在の課題についてとらえ、考えるように促す。 ◇参加者を増やす工夫、防災に関心をもってもらう地域の工夫について考えられるように助言する。 □小金井市役所の地域安全課Yさんの話 □自主防災組織の取組 （教師作成資料）	☆市役所の方の話などから、必要な情報を読み取る。 （技能） ☆防災への取組の問題点についてわかる。（知識）

ラバン」の活動の意味をつかみます。

●「みんなで共に命を守る」には、公助・共助・自助の連携・協力が大切であること。

●「自分の身は自分で守る」というあり方

授業の最後には、「公助の役割と共助、自助の重要性」について、子どもの言葉でまとめます。

この防災の取組における課題は、「地域住民の防災意識の低さ」に主眼を置きます。この課題は、若者や子ども、若い保護者に顕著な特徴であり、全国的どの地域でも見られます。

この課題解決への取組の一つとして取り上げたのが、「イザ！カエルキャラバン」です。この活動の意味は、第7時までに学習したことを総動員して考えないと解決できないように単元をデザインしています。つまり、第7時までの学習を布石とする仕掛けとしたわけです。

5 「イザ！カエルキャラバン」とは？

ＮＰＯ法人プラス・アーツと美術家・藤浩志氏が共同で開発した防災訓練プログラムです。２０００年に藤氏が開発した「かえっこバザール」（おもちゃの物々交換プログラム）システムをベースとしています。

参加者が楽しみながら防災の知恵と技を学ぶことを目的として、さまざまな「体験コーナー」が設置され、「消火」「救出」「救護」などの防災訓練をゲーム感覚で行うことができるようになっています。

このプログラムは、防災訓練になかなか参加しない若いファミリーをターゲットにするところに特徴があり、２００５年の阪神・淡路大震災10周年事業では神戸市内７か所10日間で延べ７０００人のファミリーを集客したという実績があります。

２００６年以降は、「イザ！カエルキャラバン」と名称を改め、横浜、新潟、大阪、宮崎など日本国内はもとより、海外でも開催されるようになりました。国分寺市でも、市制施行50周年を記念し、災害に強いまちづくりの推進を目的として行われました。

私が取材した年は、市内約40の防災関連団体等が一堂に会し、大人も子どもも楽しみながら学べるように工夫されていました。水消化器でカエルの的をねらったり、消防団員のように消火ホースを投げたりするブースが設けられていました。

何か一つ防災体験をすると、「カエルポイント」がもらえます。このカエルポイントを集めると、「おもちゃオークション」に参加できたり（人気のおもちゃを獲得できる）、炊き出しごはんを購入したりすることができます。
おもちゃをカエル、意識をカエル、地域をカエル、子どもから大人まで防災に関心をもち、災害に強いまちづくりにつながるきっかけにするイベントです。

6　第1時～第7時までの授業展開

授業展開を紹介しながら子どもの学習感想を見ていきます。

第２時　自分の住んでいる区市や地域、自分の防災の取組について調べる

【問い】区や市、地域や自分は、どのような取り組みをしているのだろう。

【子どもがとらえたこと】

〈市や区〉・体制づくり・防災備蓄倉庫・防災訓練・帰宅困難者対策訓練

●メール配信・お知らせ・地域と協力して防災の集い

〈地域〉

●回覧板・消防団・備蓄・防災グッズ販売・設備点検・防災訓練

●おまつりで防災訓練

〈自分〉備蓄・逃げ口・道確認・家具などの固定・家族で話し合い

●速報の受け方、171などの確認・TVや本で調べる。
●防災訓練参加者　学級で38人中9人→参加者が少ない。
●おまつりで防災訓練があり、参加するとおもちがもらえる。
→なぜ、おもちを配るのか？→お祭りは人が集まる。
→子どもたちはやりたくなる→防災を身につけてほしい。
このシステムを（おもち方式）とよぶことに決まる。

【子どもの学習感想】

○わかったことは、いろいろなものを配ってまで、訓練をやってほしいのがわかりました。いろいろな人がくるおまつりなので、たくさんの人に訓練に参加してもらうのがねらいだと思いました。

○地域でやっている防災訓練に参加している人は少ない。非常食のようなものを配っても行く人が少ないので、この学習をして行ってみようと思いました。また、地域は防災のことを身につけてほしくてやっていると言っていましたが、来る人は物もらえて防災のことも学べてよいことが多いけど、地域にとっては、時間もお金も失ってしまうのに、なぜ、そこまでして、他人の防災に気をつかうのかがよくわかりませんでした。でも、これも地域の人たちの「協力」なんだなぁと思いました。

○私は、Sくんの発言の「2か所以上参加するとおもちをもらえる」というのを聞いて、「なぜ、おもちをプレゼントするのだろう?」と思いました。そして、みんなの意見を聞いていたら、「やりたくなる」→「防災のことを身につけてほしい」→「自分の身は自分で守る」というつながりを考えているのだとわかりました。
○市や区、地域でたくさん訓練しているけれど、結局、身につけるのは自分なので、プレゼントがほしくて訓練しても身につかないと思いました。でも、市や区で行っていること、自分でできることはたくさんあるので、予想は少し当たっていました。
▼この時間の後、「おもち方式」取組の意味が学級の問題になる。

第4時　小金井市の取組を調べる

【問い】小金井はどのような取組をしているのだろう。

【子どもがとらえたこと】

◎小金井市役所地域安全課のYさんの言葉

災害が起きたときは…警察も消防も市役所も、みんな被災者なんです→自分の身は自分で守る。

◎防災メール＝情報ネットワークによる情報収集

早く正しい情報を→自分の身は自分で守る。

【子どもの学習感想】

○今日のYさんのお話で、なぜ自分は自分で守るかがわかりました。それは、市役所の人、警察官、消防署の人全員が被災者だとわかったからです。これからも自分の命は自分で守りたいです。

○私はこの授業をやる前は、警察の方や消防署の方や市役所の人に守ってもらう、周りの人に守ってもらえば平気だと、3・11のときに思いました。でも、今日の授業で周りの人も被災者ということがわかり、自分の命は自分で守ろうという意識をわすれずに行動したいです。

○Yさんの「みんな被災者なんです。市役所の人も警察の人も消防署の人もみんな被災者なんです」が当たり前のように、みんな人に頼っているので、それではいけないのだと思いました。

○Yさんの言葉で「みんな被災者」という言葉が心に残りました。だから、『守ってもらう』ではなく、『自分の命は自分で守る』という意識が大切なのだとわかりました。だから、自分から訓練に参加して、守れるようにしようと思いました。

第5・6時　地域の取組について調べる

【問い】地域では、どのような取組をしているのだろう。

【子どもの学習感想】

〈5時〉私の地域では自主防災組織をつくっているというのは、聞いたことがありません。私は、違う学校に行っていて、近所に友達の子がいないので心配です。近所に知り合いを増やさなければと思いました。みんなで助け合いたいです。

〈6時〉私は、防災訓練にほとんど行きません。面倒くさいし、いろいろ用事があるからです。しかし、授業をするたびに関心がたかまりました。そして、今回、防災訓練の参加者が少なくて困っているという話を知り、災害のときにどう動いたらいいのか知識もないので、いざ地震がきたら、大変なことになることに気づき、また、これからも防災の知識はずっと続いていなきゃいけないんだと改めて思いました。そして、東京防災隣組や自主防災組織は、なくてはならない組織なんだとわかりました。

第7時　災害から命やくらしを守るためのはらたきについて関係図にまとめる

第7時は、小金井市の取組や地域の取組を学習し、防災の取組には公助・共助・自助があること、市と地域や住民が協力して防災に取り組んでいることなど、これまでに学習してきたことを整理する時間としました。

【ねらい】

●災害からくらしを守るために、市や地域では連携・協力してさまざまな取組を行っていることをつかむ。

資料3　子どもがかいた公助・共助・自助の関係図

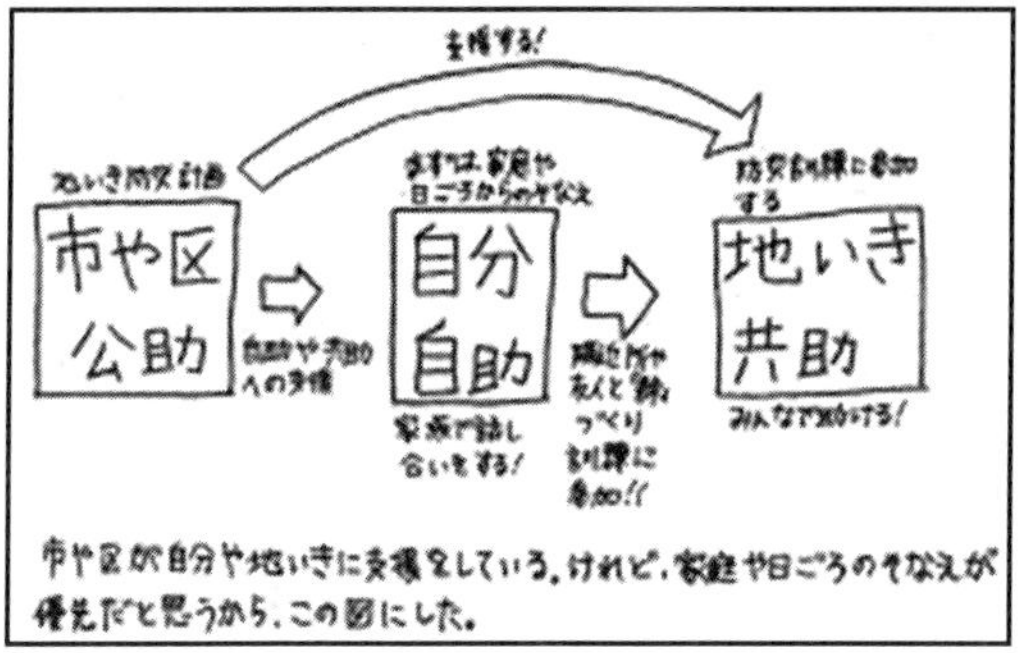

●公助・共助・自助による防災・減災まで、考えが至るようにする。

▼公助・共助・自助を関係図にまとめ、自分の書いた図（資料3）をもとにグループで話し合う。

【子どもの学習感想】

○つまり、公助・共助・自助の三つのなかの一つがかけると、すべてできなくなる。今日、ぼくは、自助・共助・公助がとても大事なんだと思いました。なぜなら、Kさんがどれかがかけてしまうと何もできなくなってしまうと説明してくれたのを聞いて、ぼくもそうだなと思ったからです。

○つまり、公助・共助・自助の一つがかけてしまうと全部がだめになってしまうから、三つとも大切で互いに支え合っ

資料4　本時（第8時）の指導案（略案）

(1) 本時のねらい

災害から命を守るためには、日頃からの訓練や地域の人々との関係作りなど、一人一人の防災意識を高めることが大切であることがわかる。

(2) 本時の展開

主な学習活動（・予想される児童の反応）	○留意点 ☆テーマとの関連 ※評価 □資料
1. 国分寺の防災フェスタ「イザ！カエルキャキャラバラバン」について話し合う。 ・おもちゃを交換できる ・防災とどう関係あるんだろう？ 2. 国分寺の防災フェスタ「イザ！カエルキャラバン」の活動について話し合う ・防災体験でポイントがもらえる ・ポイントでいろいろかえられる 3. 国分寺市の取組の意味を考える。	□国分寺の防災フェスタ「イザ！カエルン」のポスター ○「たのしく防災をまなぼう」から内容を予想させる。 □「イザ！カエルキャラバン」の活動写真、活動内容 ○おもちゃ交換→防災体験プログラムという流れを確認した上で、この取組について考えを発表させる。
なぜ、国分寺市はこのような取組を行ったのだろう。	
・みんな参加しやすいから ・みんな楽しく防災を学べるから ・人をたくさん集めて、防災について学ばさせせるために市が計画している。 4. 市役所やNPOの方の話を聞いて、防災・減災にとって大切なことは何か、自分の考えをまとめ、話し合う。 ・一人一人の訓練が大切 ・日頃からの関係づくりが大切	○このような楽しく学ぶ防災イベントを行ったのか、国分寺市の取組の意味を考えさせる。 ☆前時までの防災の取組と関連させて、考える。 □市役所の方の話 □グラフ（共助・自助による救出割合） ☆前時までの防災の取組と関連させて、考えさせる。 ※災害から命を守るためには、一人一人の防災意識の高まりが大切であることがわかる。

ていると思います。今日、図を書いてみて、班で発表し合いました。すごいなと思ったのはKさんの「自助があるからこそ共助があり、共助がないと自助がない。そして、公助がないと共助がないから、一つでもかけてしまうと、すべてが成り立たない」という考え方です。なので、三つとも大切だということがわかりました。

ここまで（第7時まで）学習してきたことを布石として、第8時では国分寺市の取組の意味（学習問題の解決）に迫っていきました。指導案は**資料4**のとおりです。

本番の授業に臨む前に知っておきたいこと

ここでは、特に〝子どもと一緒に授業をつくる〟ことを中心にまとめます。

と、そのまえに、本番の授業に臨むうえでの留意事項を述べます。それは、（第2章でも挙げましたが）授業を教師の学習発表会にしてしまわないこと。これは（残念ながら）社会科の授業でよく起きてしまうことで、自分自身への戒めの気持ちも込めて取り上げます。

「さあ、どうだ、これもどうだ」とまくし立てるように資料を提示する。だけど、子どもたちは困り顔…。処理しきれない量の情報が示されるわけですから当然です。教材研究に熱心なあまり、自分の伝えたいことが先行してしまって、子どもの学びを置いてけぼりにしてしまうわけです。（恥ずかしながら）私の実践のなかで最も多かった失敗がこれです。

では、授業をそうしないようにするためには、何が必要でしょう？　実は、割とシンプルで、次のことに気をつければ、およそ回避することができます。

●本時のねらいを明確にする。

●ねらいを達成するために、問いと活動を明確にする。
●子どもの考える時間、まとめる時間を十分に確保する。
●追究に必要な資料を絞り込む（中心資料一つに対して補助資料二つか三つがめやす）。

これまで学習したことをもとにしながら考える展開をつくる

本時の中心資料は、「イザ・カエルキャラバン」のポスター（資料5）で、補助資料は「イザ・カエルキャラバンの写真」「国分寺市役所の方の話（ゲストティーチャー）」「グラフ（阪神・淡路大震災における共助・自助による救出割合）」の三つです。第8時は、この資料の読み取りからはじめます。

資料5　ポスター

話が前後しますが、ゲストティーチャーとの打ち合わせを綿密に行っておくことも大切です。授業のどの場面で、どのような話をしてもらうのか、しっかり詰めておかないと子どももゲストティーチャーも立ち往生してしまうからです（資料6）。

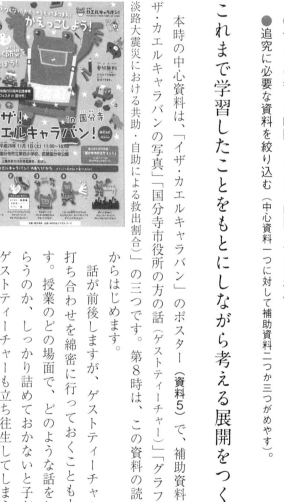

資料６　ゲストティーチャーとの打合せ資料（一部抜粋）

(1) 本時のねらい

災害から命を守るためには、日頃からの訓練や地域の人々との関係作りなど、一人一人の防災意識を高めることが大切であることがわかる。

(2) 本時の展開

主な学習活動（・予想される児童の反応）	○留意点 ☆テーマとの関連 ※評価 □資料
14:30 1. 国分寺の防災フェスタ「イザ！カエルキャラバン」について話し合う。 ・おもちゃを交換できる ・防災とどう関係あるんだろう？	□国分寺の防災フェスタ「イザ！カエルキャラバン」のポスター ○「たのしく防災をまなぼう」から内容を予想させる。 ※ポスターをみて、「イザ！カエルキャラバン」が何かを話し合わせる。
14:35 2. 国分寺の防災フェスタ「イザ！カエルキャラバン」の活動について話し合う ・防災体験でポイントがもらえる ・ポイントでいろいろかえられる 〈体験する〉	□「イザ！カエルキャラバン」の活動写真 □「イザ！カエルキャラバン」当日の配布物 ※具体的な活動の様子を見せて、「イザ！カエルキャラバン」が防災訓練をする活動であることをつかませる。 □市役所の方の話 ◎「イザ！カエルキャラバン」が何か、 ・「イザ！カエルキャラバン」は、おもちゃの物々交換と楽しくアレンジした防災プログラムを組み合わせたものです。 ※簡単に遊び方を説明 ・実際に体験、指導 ※時間によっては、物をみせるだけで、体験は省くかもしれません。 （説明・体験で10分程度）
14:50 3. 国分寺市の取組の意味を考える。	○おもちゃ交換→防災体験プログラムという流れを確認した上で、この取組について考えを発表させる。
なぜ、○○さんたち（国分寺市）は、このような取組を行ったのだろう。	
・みんな参加しやすいから ・みんな楽しく防災を学べるから ・人をたくさん集めて、防災について学ばせるために市が計画している。	○なぜ、このような楽しく学ぶ防災イベントを行ったのか、国分寺市の取組の意味を考えさせる。 ☆前時までの防災の取組と関連させて、考えさせる。 ○考えを深め、取組の意味にせまるために、“なぜ”質問を繰り返し、取組の真の意味を考えさせるようにする。 □市役所の方の話 「イザ！カエルキャラバン」が国分寺市内の約40の防災関連団体（地域の自主防災組織など）が参加し、体験コーナーなどを担当していること。阪神大震災の教訓や知恵を伝えるために始まった活動である。 □DVD、グラフ（共助・自助による救出割合） ☆前時までの防災の取組と関連させて、考えさせる。
15:05 4. 市役所の方の話を聞いて、防災・減災にとって大切なことは何か、自分の考えをまとめる。 ・一人一人の訓練が大切 ・日頃からの関係づくりが大切	□市役所の方の話 市、いや都、全国的な課題として「防災意識の低下・特に若い人たち（お父さん・お母さんの年代・子どもたち）の参加が少ない。 →そこで…… たくさん人が集まり、楽しく防災訓練ができる、この「イザ！カエルキャラバン」を行ったこと →なぜ、そこまで市が考えてやらなければならないのか…… 公助の限界、共助・自助の重要性 ＝公助の役割、そして、共助・自助の重要性 災害時は、みんなが被災者だから、市役所も警察も消防も駆けつけられない。真っ先に避難、救助するのは、自分であり、近所、地域の人。 だから……　　この企画を ※災害から命を守るためには、一人一人の防災意識の高まりが大切であることがわかる。

（繰り返しになりますが）社会科は、問題解決的な学習を重視する教科です。しかも、1時間完結ではなく、単元というストーリーを通じて追究していく点に大きな特徴があります。このことが意味することは何か。それは、**社会科では、一時間一時間の授業がつながっているということです。ときには、単元や学年を越えてつながることさえあります。

教師として意識してほしいのが、このつながりです。方法はさまざまですが、ここで挙げたいのが「問い返し」です。

「どうしてそう考えたの？」
「どこからそう考えたの？」

子どもの発言に乗っかる形で行います。

問い返すことで、その子の考えの根拠、背景を掘り起こすことができます。これが、授業場面でのつなぎです。

子どもが発言した根拠や背景は、既習の内容や生活経験であることが多いのです。これまでに学習してきたことを、いま学習していることにつなげる、これを意識的・意図的に繰り返し行い続けることが大切なのです。

ただ、この第8時では、あえて問い返しをしていません。第7時までに必要な問い返しをすでに済ませているからです。これも仕掛けの一つです。

次に紹介するのは、本時の子どもの発言です。

これらの発言内容から、資料の読み取りだけではなく、これまでの学習をもとにしながら考えている姿が読み取れると思います。

C「たのしく防災を学ぼうと書いているから、防災訓練のポスターだ」

C「かえっこしようだから、おもちゃと防災グッズを交換するんだ」

C「防災を学ぶとともに地域とかのかかわりを深める。楽しく学ぼう、と、参加無料ということから、近くの人とがだれでも参加できるから、これは、楽しく学んで地域でかかわりをふやすためのものだ。つまり、これは、防災だから、地域で支え合えるようにするためのものだ」

→防災のためには、〝地域の人と支え合うことが大切〟を生かして考えている。

C「これは、前にやったお祭りのおもちみたいに訓練すると、何かもらえるのと同じことだ」

→取組〝おもち方式〟と意味が同じだととらえている。

C「近所の人がおもちゃをもちよってかえっこして、かかわりを深めるためのものだ」
→防災のためには、〝地域の人と支え合うことが大切〟を生かして考えている。

C「AくんとBさんの意見につけ足しなんですけど、おもちと同じに遊びながらポイントが増えていって、そのポイントで炊き出しが食べられると書いているから、おもちと同じで遊びながら防災を身につけるんだ」
→取組〝おもち方式〟と意味が同じだととらえている。

私「なぜ、国分寺はこのような取組をしているのだろう」
C「子どもは防災のことがわからない、とか、防災訓練に自分から行こうとは思いにくいし、遊びなら行こうと思うので、そこで防災のことが学べ、いざというときに、習った防災の知識が生かせるはず」
→防災への課題〝子どもや若者が参加しない〟ということをもとに考えている。

※自分は今までは、面倒で行かなかったという子どもの発言
C「子どもが防災知識を身につけることで、被害を最小限に抑えられる」

資料７

Ｃ「防災知識が身につけば、自主防災組織の方の話のように、子どもでもいざというときに力を発揮できるはず」

Ｃ「体験しておけば、動き方がわかるから助かる」

→〝これからの防災のためには、若者や子どもたちが知識を身に付けることが大切だ〟ととらえている。

Ｃ「みんな被災者だから、だれも助けに行けないから、自助が大切だから、国分寺市はやっているんだよ」

Ｃ「まずは、真っ先に避難、救助にあたるのは市民だから」

→〝自分の身は自分で守る〟〝真っ先に避難・救助するのは自分たち〟であることを意識している。

＊

ここで、国分寺市の取組の実践からいったん脱線します。

授業は、子どもの都合でつくる

- 授業のベルが鳴る。
- 教師は、子どもたちに資料を提示する。
- すると、子どもたちは教師の予定どおりの発言をしてくれる。
- 次にまた別の資料を提示する。
- すると、やはりまた教師の予定どおりの発言をしてくれる。
- 最後は、教師があらかじめ決めておいたゴール（解）にたどり着かせて授業を終える。

このような授業をみなさんはどのように思いますか？

形のうえではきれいな授業です。どの子の発言に対しても、異論・反論が出ないから、すいすいと進みます。それなりに満足感もあります。しかし、このスタイルには大きな問題が孕《はら》んでいると私は思います。

それは、教師と子どもとのやりとりを明確な型にはめて流し込む授業だということです。「私がこうしたら、きみたちはこうしてね」という暗黙の了解が徹底されていて、子どもたちにとっては驚きも発見も納得もなく、ただ時間だけが過ぎていく授業なのです。

このような授業で重視されるのは流れです。資料や発問などで一本道をつくり込んでおいて、教師の授業プランから子どもたちがはみ出せないように工夫するわけですね。（言い方は悪いですが）私はこのような授業を「追い込み漁」と呼んでいます。教師が考えた結論に子どもを追い込んでいくからです。

なぜ、そうしてしまうのでしょう。その裏側には教師の不安感があります。

「授業プランから外れたどうしよう」

「教科書が全部終わらなかったらどうしよう」

このような不安感が、教師を追い込み漁に向かわせてしまうのであり、さらにその根底には子どもを信じきれていないことから生まれます。

子どものもっている力を信じきれない、不安だ、できれば安心したい、だったら自分の都合で全部手を打ってしまえばいい、こんな悪循環を生むわけです。「ここから先は行ってはダメ。みんなが進んでいいのはこの道だよ。ね。さぁ、ゴールだ、ここに向かって跳び込めぇ」と言わんばかりに…。

実を言うと、この話に登場する教師は、かつての私自身です。〝誰からも文句を言われる隙を与えたくない〟そのためには、「きれいな授業がしたい」「自分の計画した授業プランどおりの授業がしたい」と教師である自分の都合だけで考えていたのです。恥ずかしい限りです。でも、当時はその衝動を抑えることができませんでした。

そんな私も、何年かしてようやく気づきました。私のプランからはみ出した子どもの発想や言動が、彼らの学びにとってどれほど大切なのかをです。同時に、それまでの私はいかに子どもたちの考えを切り捨てていたことか…。

授業は子どもと教師でつくるものであり、教室は子どもたちが新しい学びを獲得する場です。そうであれば、教師の都合ではなく、子どもの都合で授業はつくられなければなりません。教師が思い描く大きなプランはあるけれど、一つ一つの授業はあっちへ行ったりこっちへ行ったりしながら、子どもたちの都合で展開されるべきものなのです。私は失敗を繰り返し、ようやくこの大切さに気づきました。

とはいえ、どうしたらこの悪循環から抜け出すことができるのでしょう。ただ〝子どもの力を信じなさい〟と言われたって、信じきることがむずかしいから抜け出せずにいるのです。では、どうしたらいいのか…です。そのための「仕掛け」です。本書で紹介した16の「仕掛け」を打っていけばいいのです。「仕掛け」が8割です。

そして、何よりも大切なこととして、私に言えることが一つあります。それは、授業中の子どもたちの反応をおもしろがること。その授業が2割です。

想定外は想定内、だから授業をおもしろがれる

これまで次のような授業づくりの考え方や手法を紹介してきました。

- 子どもの学びに合わせて単元をデザインし、必要に応じて修正する。
- 本時のねらいを明確にする。
- ねらい達成のプロセスを複数考えておく。

これに次の二つを追加したいと思います。

- 授業中のやり取りは、子どもとの会話。この会話を楽しむ。
- 子どもから生まれる想定外の言動をおもしろがる。

子どもとの会話を楽しみながら、想定外の言動をおもしろがれるようになれば、先述

した不安感はどこかに消し飛んでしまいます。「でも、この想定外が不安の素なのでは？」と思われる方もいるだろうと思います。ですので、補足なのですが、ここで言う想定外とは、単元計画そのものが壊れてしまうような出来事ではありません。16の仕掛けのもと、教師が想定した想定外なのです。

単元の達成すべき目標が明確で、教師の緻密な教材研究が背景にあり、子どもの学びを想定した単元を構成していれば、そのなかで、どのように子どもたちが進もうとも不安になることはないでしょう。単元を通してたどりつくゴールは明確なのですから。

それに、どれだけ教師都合で綿密な授業プランを立てても、子どもたちは授業のどこかの場面で、教師が敷いた一本のレールから外れる行動に出ます。子どもたちは一人一人進みやすいレールが異なるのだから当然です。これを無理にでも軌道修正しようとするから、追い込み漁になります。逆に言えば、教師の都合で、「この時間はこう進めなければならない」と思い込んでいるから不安になるのです。

そうではなくて、「〝子どもは、そもそも想定外の言動をするもの〟という想定のもとに授業を行いましょう」ということです。子どもの想定外を、授業進行上の前提としてしまえばいい。「何が起きるかはわからない、でも何かが起きることを見越して授業をプランニングする」という考え方です。

むしろ、授業は、教師と子どもでつくるものですから、教師のプランや想像を超えてくる姿こそ、不安ではなく求める姿、「そうきたか」「すごいな」とおもしろがることが大切だと私は考えて実践をしてきました。教師が単元を通した最終的なゴールさえ描けていれば大丈夫、教師の大きな想定のもとで子どもたちはのびのびと解決に進んでいく、そのための16の仕掛けなのです。

この考え方のもとに授業を行い、だんだんと慣れてくると、子どもの想定外の発言がおもしろくてたまらなくなります。〝今度はいつ、こちらの想定を越えてくるかな〟とワクワクしはじめます。想定外のことが起きないと〝なんだ、今日は何もなしか…〟と残念にさえ思うようになります。

では、ここで、国分寺市の実践に戻り、どのような想定内の想定外が起きたのかを紹介したいと思います。

【想定内の想定外①】

私「なぜ、国分寺市は『イザ・カエルキャラバン』に取り組むことにしたのだと思う?」

C「子どもは、防災と言われてもよくわからないし。でも、遊びなら行こうと思うかも」

C「ぼくらが知識を身につければ被害を抑えられると思う」

C「自主防災組織の人が話してくれたように、わたしたちでもいざというときに力を発揮できるから」
C「自分でも体験してみることが大事だからだと思う」
C「災害が起きたら、みんな被災者になる。だれも助けに行けない。そんなときは、自助が大切だから」

子どもたちのだれもが自分なりの視点で考えたことを発言していることがわかります。ただ、このままでは、（単元の終末に私が期待している）国分寺市の取組の意味にまではたどりつきません。

そんなときでした。Aくんが、次のように言い出したのです。

A「ぼくは、みんなと少し見方を変えます」
私「見方を変える？　どう変えるの？」
A「親の立場で考えてみたんです。防災イベントに子どもが一人で行くことはないと思う。行くときは親が一緒で、自分の子どもがやっているのを後ろから見ていると思う。そうしたら、親も一緒に知識が身につくんじゃないかな」

大正解！　心のなかで拍手喝采です。タイムアップまであと数秒、誰もがあきらめかけたとき、スリーポイント・シュートが鮮やかに決まった、そんな爽快さを感じる瞬間でした。

国分寺市は、子どもだけじゃなくて、親のためにも防災イベントを行っている。むしろ、（いい意味で）子どもの遊び心をダシに使うことによって、防災意識が低い若い保護者と子どもの双方の意識を啓発し、正しい知識を身につけさせる。これが、この教材を通して私が最高におもしろいと感じた肝であり、国分寺市の取組の意味でした。

私としては、学習を通じて追究していけば、単元の最後にはちゃんと辿り着けるように仕掛けていました。でも、この段階ではまだ情報が足りていないので、子どもは国分寺市の取組の意味まではわかりようがない（はずでした…）。

というわけで、〝次はどのように促してみようか〟などと思案しているその最中、Aくんの発言で一足飛びにゴール（学習問題の解決）にたどりついてしまったのです。

クラスメートからも「なるほど！」「そういうことか！」と一斉に声があがりました。Aくんの考えが、納得を伴うみんなの考えになった瞬間でした。

これは、私にとってまさに想定外のこと。でも、国分寺市の取組の意味理解にたどりつかせることは想定内。これが、想定外を想定するということの意味です。

この後、国分寺市役所の方（ゲストティーチャー）に話をしてもらうことで、学習問題の解決を見つけるヒントをつかませるつもりだったのですが、子どもたちはもうすでにつかんでしまっていたので、なんだか答え合わせをしているような時間となりました。

これで、本番である第8時の授業は終わったわけですが、ここで改めて次のことを言いたいと思います。

それは、これまでに紹介してきた、子ども理解の仕掛け、教材研究の仕掛け、単元構想の仕掛け、1時間の授業をつなぎ合わせる仕掛けが相互に噛み合えば、こんなにも豊かで、子どもたちが輝く想定内の想定外が生まれるということです。

さて、せっかくですので、ほかの実践で起きた想定内の想定外を二つほど紹介したいと思います。

［想定内の想定外②］

本書の冒頭でも紹介した「東京都の特色ある地域の様子―銀座のミツバチ―」（第4学年）の授業でのことです。

私のポケットには、銀座のミツバチで採取したハチミツを忍ばせていました。〝銀座では本当に養蜂が行われている〟この事実を目の当たりにさせるためです。
子どもとやり取りしながら、〝さて、そろそろかな〟と思った瞬間、Bくんが突然立ち上がって言い出しました。

Bくん「オグ、買ってきたよ！」

私が買ったものと同じハチミツを高々と掲げながら、あっけらかんとしたものです。
私は、取り出しかけたハチミツをあわててポケットの奥に押し込み、平静を装いながら言いました。

私「おー、すごいね。買ってきたの？　どれどれ、みんなにも見せてくれる？」

彼が持ってきてくれたはちみつを受け取り、学級全体に見せながら、はちみつを買いに行ったときの様子をBくんに話してもらいました。
「見せて、見せて」
「買いに行ったなんてすごい」

「やはり銀座だから値段が高いね」

「銀座ブランドだもん、そりゃ高いよ」

「なめてみたい」

大盛り上がりです。

〝銀座とミツバチ〟という非現実が、ハチミツという具体物によって一気に身近な事象になったわけです。しかも、クラスメートの手で。「なぜ都心の銀座で養蜂が行われているの？」と、否が応でも追究意欲が高まります。私が買ってきたハチミツだったら、ここまで盛り上がることはなかったでしょう。

私の授業プランからすれば、Bくんが買ってきてくれたことは想定外、思った以上に追究意欲が高まったことも想定外。でも、子どもたちにハチミツを見せて、追究意欲をもたせるのは想定内。

もし、このとき「ちょっと待って、先生も用意してあったんだよ、ほら」などと言って私もハチミツを取り出していたらどうなっていたでしょう。その子の発見が台無しです。盛り上がるどころか、周囲の子どもたちの追究意欲も高まらなかったでしょう。

ハチミツを取り出そうとした手を引っ込めて本当によかった…私にとっては胸をなでおろす想定外でもありました。

［想定内の想定外③］

「銀座のミツバチー」の続きです。

銀座で養蜂、普通に考えたら、「なぜ？」という話になりますよね。調べ学習を通して、その「なぜ？」を解き明かすのがその日の授業のねらいでした。

すると、冒頭から想定外です。Cさんがこんなことを言い出しました。

Cさん　**「銀座というのは、ミツバチにとってみると恵まれた環境なんです」**

子どもたちからは、一斉に声があがります。「えー」「うそだろう、銀座なんて！」

実は、私もその一人です。〝えー、うそだろう〟と驚きました。〝その発言…ここ、ここで出ますか〟と。

ひとしきり驚いた後は、Cさんへの質問攻めです。銀座ですよ、銀座。子どもたちからすれば、あの大都会がミツバチにいい環境なわけがない。だから、納得できないわけです。

すると、彼女はみんなの「なぜ」に答えます。落ち着いています。しっかり調べ、よく考えたのです。

Cさん「だって、皇居とか浜離宮庭園とか、全部無農薬です。街路樹も無農薬です。それに、敵だっていません。だから、大都会はミツバチにとって住みやすい環境なんです」

この説明に、子どもたちも私も二度びっくり。

「なるほど！」

「確かに！」

「銀座でミツバチを飼うというのは、おかしな話じゃないんだ」

彼女の発想には、おそらく以前に学習したことが影響していたんだと思います。「農薬でミツバチが死んでしまう」という自由学習です。そのときに学んだことを思い出しながら、ミツバチの視点から銀座という環境について考えてみたのでしょう。まさに、知識の活用そのものですね。

実を言うと、私の授業プランでは、本単元のもっと先で生まれるはずの発言でした。しかし、この段階で生まれたことで、〝この子たちだったら、もっとできる〟〝ミツバチにとって銀座はよい環境という答えのさらに先に行ける〟と、単元計画をより高度なものへと修正することができたのです。そんな学びへと誘《いざな》ってくれた想定外でした。

＊

想定外を想定するというと、いかにも高度なことを読者のみなさんに求めているかのように聞こえるかもしれません。しかし、どうかむずかしく考えないでほしいと思います。「授業のどこかの場面で、子どもがきっと教師の想定を超えてくる」ことを前提として、軌道修正可能な計画にしておけばいいということなのですから。言い換えれば、単元の進行に応じて修正できないようなガチガチな単元計画にしなければいいということです。

仕掛けるべきは仕掛ける。だけど、うまくはまらなければ、変えるかやめるかすればいい。単元を通じて、子どもの学びを保証してあげられさえすればいい。大きな橋を架けるようにデザインすればいい。そうすることができれば、学びがいのある問題解決的な学習になります。しかも、自分の想定外を楽しみながら。

子どもから生まれる想定外には、ある共通点があります。それは、プロセスをすっ飛ばして学習の核心を突くことです。

これは、賢い子がみんなの前で披露するというよりも、何気なく口にされたつぶやきや振る舞いのなかに、隠れていることが多いのです。それら一つ一つをどれだけ丁寧に拾ってあげられるか。実は、その蓄積の結果として、これまでに紹介したAくん、Bくん、

Cさんの発言となって現れるのだと私は思います。

いつも正解を言ってくれる優秀な子どももすばらしいと思います。ただ、私はこんなふうに思うのです。

どんな子どもだってすごい発想をもてる、学級がみんなにとっての表現の場になってさえいれば、「どういうこと?」「なぜ?」「おもしろい」と、子どもも私も想定外をおもしろがれる授業になる、**誰かの「すごい」をみんなの「すごい」にできる**のです。

何よりも私自身が、一番おもしろがっていたかもしれません。今度は〝何を言ってくるかな〟〝どんなふうに私を驚かせてくれるだろう〟と。

みなさんもどうぞ、子どもたちと一緒に授業を存分に楽しんでほしいと思います。

子どもたちのもてる力を信じて。

おわりに

「先生方が行っている日々の指導は、どれも授業づくりに欠かせない仕掛けそのもの。それを意識できれば、授業は変わる」

平成30年から、現在の職につき、たくさんの先生方の授業を参観させていただいています。どの学校の先生方も、45分の授業の充実を目指して教材研究に熱心に取り組み、子どもたちと向かい合い、さまざまな手立てを打っています。「子どもから上手に意見を引き出してる」「この指導技術はすごい。ほかの先生方にも伝えたいな」「この教材、おもしろい」と感心させられます。

その一方で、それら授業のすばらしさを決定づけている数々の「仕掛け」については、ほとんど語られることがないように思います。とはいえ、仕掛けには、一度の授業参観では気づきにくいものもあるし、すぐにまねできないものがあるのも事実です。

そこでもし、「授業づくりの『仕掛け』を整理して伝えることができたら、現場の先生方の力になれるのではないか」そう考えて本書を上梓しました。

実際、本書で語られていることは、（私の長い現場経験にもとづいてはいるものの）全国の先生方の姿から学ばせていただいたことが多いのです。普段、先生方が行っている指導が、実は授業づくりに大きな影響を及ぼしていることを整理したにすぎないともいえます。

本書では、「子ども理解」「教材の開発・吟味」「学習内容の理解」を扱っていますが、いずれも当たり前のことです。当たり前であるがゆえに、「仕掛け」という切り口から丁寧に語ってきました。そうすることで、日々の指導のなにが、授業づくりのどこにかかわっているかを明らかにすることに努めました。

「教育現場は、特に授業は、教師の仕掛けにあふれている」

本書のタイトルに「仕掛け学」という言葉を入れることができたのは、大阪大学の松村真宏教授のおかげです。

昨年8月、「仕掛学」の研究者であり、実践者でもある松村先生と対談させていただく機会を得ました。そのときに、こんなことをおっしゃっていました。

「『仕掛け』とは、行動変容を促すきっかけであり、問題解決の糸口となるものです。世の中は『仕掛け』にあふれているのです」

この言葉を聞いたとき、〝教育現場もまたそうだ。「仕掛け」にあふれている。それどころか、「仕掛け」の連続だ〟と感じました。

（松村先生の提唱される「仕掛け」とすべてが重なるわけではありませんが）話をうかがううちに、授業は教師の直接的・間接的な「仕掛け」によって成立していると実感することができたのです。本書をまとめるきっかけをくださり、「仕掛け学」という言葉の使用を快諾していただいた松村先生に、この場を借りてお礼申し上げます。

「完璧なんて無理。子どもと共に成長すればいい」

26年もの長い間、私が現職を続けられたのは、ひとえに尊敬できるたくさんの先輩方との出会いや指導、共に悩み苦しみチャレンジし合ってきた仲間の存在、そして、何よりも、すてきな子どもたちと出会えたことです。特に、子どもたちは、私の一番近いところで、たくさんのことを教えてくれました。

「子どもと共に成長すればいい」

この言葉は、教育実習時に担当の先生から教えてもらったもので、以来、ずっと大切にしてきました。共に成長していければいいのですから、「私は教師。私の力で子どもを成長させないと…」とか、「私の思ったとおりに授業を進めていかなければ…」などと考えなくていいと思います。

教師なんだから、完璧な人間でないとダメ？　いやいや、完璧なんて無理無理。教師も成長し続ける子どもと同じ人間なのですから、完璧さなど求めようもありません。

子どもたちの力はすごいんです。そのうえかわいいし、愉快なんです。そんな子どもたちを信じて、彼らと共に成長していけばいいんです。そのほうが現実的だし、なにより肩に余計な力を入れずに済みます。

ですから、子どもたちとの会話を思う存分楽しんでください。話をたくさん聞いてあげてください。そして、自分の話も聞いてもらってください。日々たくましくなる子どもたちの成長を楽しんでください。そうすれば、きっと、目の前の子どもたちと笑顔で共につくる〝いい授業〟を実現できるはずです。

最後になりますが、本書の編集に当たっては、東洋館出版社の編集部のみなさま、とりわけ高木聡氏には多大なるご支援、ご助言をいただきました。この場をお借りしてお礼申し上げます。

2020年7月吉日　小倉　勝登

小倉 勝登（おぐら・かつのり）

文部科学省初等中等教育局教育課程課教科調査官
国立教育政策研究所教育課程研究センター教育課程調査官

昭和45年宮城県生まれ。平成4年から東京都の新宿区、大田区で小学校教諭、平成11年から東京学芸大学附属小金井小学校教諭、平成29年に東京学芸大学非常勤講師兼務を経て、平成30年4月より現職。

【主な著書】澤井陽介、小倉勝登『小学校社会　指導スキル大全』2019年3月／澤井陽介、加藤寿朗編『見方・考え方［社会科編］』2017年10月、東洋館出版社、ほか多数

社会科教師の
授業・学級づくり
「仕掛け学」

2020（令和2）年7月1日　初版第1刷発行

著　者　小倉勝登
発行者　錦織圭之介
発行所　株式会社　東洋館出版社
〒113-0021　東京都文京区本駒込5-16-7
営業部　電話 03-3823-9206／FAX 03-3823-9208
編集部　電話 03-3823-9207／FAX 03-3823-9209
振替　00180-7-96823
URL　http://www.toyokan.co.jp
装　幀　中濱健治
印刷・製本　藤原印刷株式会社

ISBN978-4-491-04054-7　Printed in Japan